VYGOTSKY, LEONTIEV E GALPERIN

REFLEXÕES PARA A PRÁTICA DOCENTE

Editora Appris Ltda.
1.ª Edição - Copyright© 2025 dos autores
Direitos de Edição Reservados à Editora Appris Ltda.

Nenhuma parte desta obra poderá ser utilizada indevidamente, sem estar de acordo com a Lei nº 9.610/98. Se incorreções forem encontradas, serão de exclusiva responsabilidade de seus organizadores. Foi realizado o Depósito Legal na Fundação Biblioteca Nacional, de acordo com as Leis nᵒˢ 10.994, de 14/12/2004, e 12.192, de 14/01/2010.

Catalogação na Fonte
Elaborado por: Dayanne Leal Souza
Bibliotecária CRB 9/2162

R627v 2025	Rizo, Walace Fraga Vygotsky, Leontiev e Galperin: reflexões para a prática docente / Walace Fraga Rizo. – 1. ed. – Curitiba: Appris, 2025. 117 p. ; 21 cm. – (Coleção Educação, Tecnologias e Transdisciplinaridades). Inclui referências. ISBN 978-65-250-6797-1 1. Educação. 2. Formação docente. 3. Teorias educacionais. I. Rizo, Walace Fraga. II. Título. III. Série. CDD – 371.12

Livro de acordo com a normalização técnica da ABNT

Appris editora

Editora e Livraria Appris Ltda.
Av. Manoel Ribas, 2265 – Mercês
Curitiba/PR – CEP: 80810-002
Tel. (41) 3156 - 4731
www.editoraappris.com.br

Printed in Brazil
Impresso no Brasil

WALACE FRAGA RIZO

VYGOTSKY, LEONTIEV E GALPERIN
REFLEXÕES PARA A PRÁTICA DOCENTE

Appris
editora

CURITIBA, PR
2025

FICHA TÉCNICA

EDITORIAL — Augusto Coelho
Sara C. de Andrade Coelho

COMITÊ EDITORIAL E CONSULTORIAS

Ana El Achkar (Universo/RJ)
Andréa Barbosa Gouveia (UFPR)
Antonio Evangelista de Souza Netto (PUC-SP)
Belinda Cunha (UFPB)
Délton Winter de Carvalho (FMP)
Edson da Silva (UFVJM)
Eliete Correia dos Santos (UEPB)
Erineu Foerste (Ufes)
Fabiano Santos (UERJ-IESP)
Francinete Fernandes de Sousa (UEPB)
Francisco Carlos Duarte (PUCPR)
Francisco de Assis (Fiam-Faam-SP-Brasil)
Gláucia Figueiredo (UNIPAMPA/ UDELAR)
Jacques de Lima Ferreira (UNOESC)
Jean Carlos Gonçalves (UFPR)
José Wálter Nunes (UnB)

Junia de Vilhena (PUC-RIO)
Lucas Mesquita (UNILA)
Márcia Gonçalves (Unitau)
Maria Margarida de Andrade (Umack)
Marilda A. Behrens (PUCPR)
Marília Andrade Torales Campos (UFPR)
Marli C. de Andrade
Patrícia L. Torres (PUCPR)
Paula Costa Mosca Macedo (UNIFESP)
Ramon Blanco (UNILA)
Roberta Ecleide Kelly (NEPE)
Roque Ismael da Costa Güllich (UFFS)
Sergio Gomes (UFRJ)
Tiago Gagliano Pinto Alberto (PUCPR)
Toni Reis (UP)
Valdomiro de Oliveira (UFPR)

SUPERVISORA EDITORIAL — Renata C. Lopes

PRODUÇÃO EDITORIAL — Adrielli de Almeida

REVISÃO — Bruna Fernanda Martins

DIAGRAMAÇÃO — Bruno Ferreira Nascimento

CAPA — Carlos Pereira

REVISÃO DE PROVA — William Rodrigues

COMITÊ CIENTÍFICO DA COLEÇÃO EDUCAÇÃO, TECNOLOGIAS E TRANSDISCIPLINARIDADE

DIREÇÃO CIENTÍFICA — Dr.ª Marilda A. Behrens (PUCPR) — Dr.ª Patrícia L. Torres (PUCPR)

CONSULTORES

Dr.ª Ademilde Silveira Sartori (Udesc)

Dr. Ángel H. Facundo
(Univ. Externado de Colômbia)

Dr.ª Ariana Maria de Almeida Matos Cosme
(Universidade do Porto/Portugal)

Dr. Artieres Estevão Romeiro
(Universidade Técnica Particular de Loja-Equador)

Dr. Bento Duarte da Silva
(Universidade do Minho/Portugal)

Dr. Claudio Rama (Univ. de la Empresa-Uruguai)

Dr.ª Cristiane de Oliveira Busato Smith
(Arizona State University /EUA)

Dr.ª Dulce Márcia Cruz (Ufsc)

Dr.ª Edméa Santos (Uerj)

Dr.ª Eliane Schlemmer (Unisinos)

Dr.ª Ercilia Maria Angeli Teixeira de Paula (UEM)

Dr.ª Evelise Maria Labatut Portilho (PUCPR)

Dr.ª Evelyn de Almeida Orlando (PUCPR)

Dr. Francisco Antonio Pereira Fialho (Ufsc)

Dr.ª Fabiane Oliveira (PUCPR)

Dr.ª Iara Cordeiro de Melo Franco (PUC Minas)

Dr. João Augusto Mattar Neto (PUC-SP)

Dr. José Manuel Moran Costas
(Universidade Anhembi Morumbi)

Dr.ª Lúcia Amante (Univ. Aberta-Portugal)

Dr.ª Lucia Maria Martins Giraffa (PUCRS)

Dr. Marco Antonio da Silva (Uerj)

Dr.ª Maria Altina da Silva Ramos
(Universidade do Minho-Portugal)

Dr.ª Maria Joana Mader Joaquim (HC-UFPR)

Dr. Reginaldo Rodrigues da Costa (PUCPR)

Dr. Ricardo Antunes de Sá (UFPR)

Dr.ª Romilda Teodora Ens (PUCPR)

Dr. Rui Trindade (Univ. do Porto-Portugal)

Dr.ª Sonia Ana Charchut Leszczynski (UTFPR)

Dr.ª Vani Moreira Kenski (USP)

A vida é um grande espetáculo. Só não consegue homenageá-la quem nunca penetrou dentro de seu próprio ser e percebeu como é fantástica a construção da sua inteligência.

(Augusto Cury)

AGRADECIMENTOS

A Deus, que é o amor incondicional.

À minha família: mamãe, Maria da Penha Fraga Rizo; irmãos e amigos, Welington, Tiago e Leandro; sobrinha linda, Júlia Fraga Martins.

Aos alunos que eu tive a honra de conhecer. Aos colegas professores e leitores desta obra.

A todos os amigos eu deixo uma frase do autor Paulo Freire (1987, p. 42), que diz: "olhar para trás não deve ser uma forma nostálgica de querer voltar, mas um modo de melhor conhecer o que está sendo, para melhor construir o futuro".

A todos agradeço de coração.

Dedico este trabalho a todos os alunos que eu tive o privilégio de ensinar e aprender com eles ao longo dos anos como professor. À minha família: mãe, irmãos. E aos colegas de trabalho.

APRESENTAÇÃO

As pessoas têm medo das mudanças. Eu tenho medo
que as coisas nunca mudem.

(Chico Buarque)

Os anos de experiência como professor me trouxeram a maturidade para juntar elementos importantes para a escrita deste livro. Para que vocês possam conhecer um pouco da minha formação acadêmica, eu sou graduado em Farmácia pela Faculdade de Filosofia Ciências e Letras de Alegre – Espírito Santo (ES). Tenho mestrado em Biotecnologia, pela Universidade de Ribeirão Preto/ SP, e doutorado em Ciências com ênfase em Química (formação de professores), pelo Departamento de Química da Faculdade de Filosofia, Ciências e Letras de Ribeirão Preto – USP-RP.

Concomitantemente fiz outros cursos na área da educação, como: licenciatura em Química, pós-graduação em Ensino da Química e especialização em Formação Pedagógica para Graduados não Licenciados, no Centro Paula Souza (CPS/SP), concluída em 2018.

A minha vivência como professor me levou a cursar uma capacitação/extensão em Altas Habilidades (AEE-AH/SD), concluída em 2023. Esse curso me fez olhar de forma diferente para a educação inclusiva e possibilitou a resposta de algumas inquietações que surgiam durante as aulas, como mostrar para os alunos que o ensino de forma geral é importante.

Posto o desafio, fui em busca de respostas. Eu precisava encontrar uma fundamentação teórica, que fizesse sentido e reflexão de por que ensinar os conteúdos, como, por exemplo, de química, a um grupo de alunos tão heterogêneos, com vivências únicas e muitas vezes sem o olhar para um futuro engajado no ensino. A Teoria da Atividade de Leontiev vem sendo palco de estudo por muitos pesquisadores na área da educação, uma vez que os estudos sobre essa teoria mostram o desenvolvimento do indivíduo com as suas experiências humanas sintetizadas na cultura.

Vygotsky, em seus estudos sobre a linguagem, mostrava que é por meio da palavra que podemos construir o conhecimento. Assim, decidi escrever este livro, que é uma revisão de alguns pontos que eu considero muito importantes dentro dos conceitos escritos por Leontiev, Vygotsky e Galperin.

Dessa forma, o presente livro é constituído em seis capítulos. O primeiro capítulo, "A formação de professores e os seus desafios", apresenta um olhar voltado para o professor e a aplicação das práticas pedagógicas eficazes para facilitar a construção de conceitos científicos. Além de retratar os desafios que o professor enfrenta atualmente. O segundo capítulo, "Vygotsky", aborda questionamentos importantes e cabem as perguntas: como o ser humano aprende? Como ele se desenvolve? E para elucidar esses questionamentos busquei estudar a fundamentação teórica baseada em Vygotsky e Leontiev e na teoria da atividade. Já o terceiro capítulo, "Leontiev", vai mostrar que a atividade é vista como o elo entre o indivíduo e a sociedade, mediatizada por instrumentos e signos, o que torna possível a internalização de práticas sociais e culturais. Já Galperin enfatizou a importância de apresentar o conhecimento de maneira a permitir que os alunos experimentem e compreendam o significado operacional dos conceitos desde o início, e não apenas após a aprendizagem completa. O modelo se distingue pela sua abordagem de apresentar os conhecimentos como situações-problema e por organizar as atividades de forma que os alunos possam entender e aplicar os conceitos de forma prática e funcional.

No quarto capítulo eu apresento a minha interpretação sobre como usar os conceitos de Galperin, ""e no quinto capítulo escrevo sobre "A importância do estágio na formação do licenciando: *insights* para a prática docente". Já o último capítulo são as considerações. A materialização deste livro representa para mim mais um desafio cumprido.

O autor

SUMÁRIO

CAPÍTULO 1
A FORMAÇÃO DE PROFESSORES E OS SEUS DESAFIOS................15
1.1 Introdução 15
1.2 A formação de professores e os seus desafios 18
1.3 Principais intenções na escrita desta obra 21

CAPÍTULO 2
VYGOTSKY...27
2.1 Uma reflexão sobre as contribuições da perspectiva histórico-cultural ...27
2.2 Vygotsky 36
2.3 O desenvolvimento do ser humano segundo Vygotsky.......................38
2.4 Estruturas primitivas e superiores, e o processo de mediação.............44
2.5 O pensamento e a linguagem...48

CAPÍTULO 3
LEONTIEV...59
3.1 A. N. Leontiev...59
3.2 A Ação e Atividade 62
3.3 A Teoria da Atividade de A. N. Leontiev.................................68
3.4 A Formação de conceitos científicos na escola 76

CAPÍTULO 4
GALPERIN 83
4.1 As transformações na organização do processo de ensino 86
4.2 O processo de formação de conceitos segundo a Teoria de Galperin 89
4.3 O Modelo de Ensino Formativo-conceitual 91

CAPÍTULO 5
A IMPORTÂNCIA DO ESTÁGIO NA FORMAÇÃO DO
LICENCIANDO: *INSIGHTS* PARA A PRÁTICA DOCENTE.................95

CAPÍTULO 6
CONSIDERAÇÕES...111

REFERÊNCIAS..113

CAPÍTULO 1

A FORMAÇÃO DE PROFESSORES E OS SEUS DESAFIOS

1.1 Introdução

Este livro apresenta uma releitura a partir dos estudos de dois grandes pesquisadores: Vygotsky e Leontiev, e a sua colaboração para as possíveis estratégias planejadas durante o estágio nos cursos de licenciatura para a formação de professores.

A formação dos professores é crucial para garantir que eles estejam preparados para aplicar práticas pedagógicas eficazes e para facilitar a construção de conceitos científicos. Isso inclui formação contínua e desenvolvimento profissional para manter-se atualizado com as melhores práticas e abordagens pedagógicas. Ao integrar a prática pedagógica com a formação de conceitos científicos, as escolas podem criar ambientes de aprendizagem mais eficazes e significativos, ajudando os alunos a desenvolverem uma compreensão mais profunda e aplicada da ciência.

A concepção de que para ser um professor basta o conhecimento de conteúdos específicos de uma determinada área, e saber, aplicar técnicas pedagógicas, é um tanto limitada. Compreender a prática docente como algo complexo e dentro de um contexto, que abrange práticas concorrentes, é importante. A aula do professor não pode ser compreendida ou analisada fora de uma perspectiva das influências de outras práticas, por exemplo: a direção da escola; as políticas de estado; os ditames dos materiais didáticos, entre outros.

No modelo da racionalidade técnica, as teorias são apreendidas primeiro e depois têm valor instrumental, à medida que são aplicadas na resolução de problemas na prática. Dessa concepção de professor, tem-se a organização de Cursos de Formação de Professores em "modelos 3+1", em que nos primeiros anos dos cursos de graduação, por exemplo, tem-se toda formação específica e pedagógica e no final do curso a realização dos estágios. Isso pode sofrer algumas alterações como nos cursos de educação a distância (EAD), em que o estudante realiza os estágios presencias geralmente a partir do terceiro período. Alguns autores apontam a dicotomia entre a teoria e a prática na formação.

Nos cursos de licenciatura presencias o planejamento das atividades deve ocorrer na universidade com a supervisão dos professores da área para que possam ser aplicadas posteriormente nas aulas do ensino médio das escolas parceiras. Já quando se trata de cursos de educação a distância, os alunos são acompanhados pelo professor de cada componente por meio das aulas lives, e de um tutor para tirar as dúvidas quando houver. E quando o aluno inicia o seu estágio ele ainda conta com um preceptor que o acompanha durante as práticas presenciais. No entanto se formos pensar no professor de ensino médio a prática pode ocorrer de forma marginal e pouco diretiva.

No geral, os planejamentos são feitos a partir do conhecimento das condições objetivas da escola, percebidas pela vivência nesta e pela interação com os sujeitos desse espaço, ou seja, com os professores de ensino médio, ou com os professores da graduação presencial, ou ainda com os professores do ensino a distância.

Alguns autores apontam que os cursos de formação de professores não têm atendido às demandas de nenhum nível de ensino tanto no Brasil como em outros países. Os conteúdos ensinados na universidade são desprovidos e desarticulados da prática profissional na escola. Forma-se o profissional sem a reflexão sobre o ensino dos conteúdos científicos na sala de aula.

Para Tardiff (2000, p. 125):

Teorias são muitas vezes professadas por professores que nunca colocaram os pés numa escola ou, o que é ainda pior, que não demonstram interesse pelas realidades escolares e pedagógicas, as quais consideram demasiado triviais ou demasiado técnicas.

Os professores responsáveis pelo estágio na universidade às vezes não têm vínculo com a escola e suas discussões ficam no campo do ideal. Ele se aplica para professores da área específica. É natural que ao desejar aprender a realizar um trabalho procure alguém que o execute para ensinar. No caso do licenciando, é valiosa a interação com o professor da escola.

Também podemos ressaltar que em relação ao professor universitário este precisa considerar que os conteúdos que ensina ao licenciando em algum momento terão de ser didaticamente transformados, ou seja, é necessária uma reelaboração. Essa mediação feita pelo professor possibilitará que sejam disponibilizados os conceitos para o aluno de ensino médio. A articulação entre os conhecimentos específicos de uma determinada área e os conhecimentos pedagógicos é necessária, considerando que o licenciando não ensinará no ensino médio exatamente da mesma maneira que aprendeu na universidade. E, nesse caso, com quem aprenderão e como ensinar os conteúdos específicos? Se não é o mesmo conteúdo das aulas da graduação, que conteúdos são esses?

Supomos que a reelaboração dos conceitos é facilitada no diálogo entre sujeitos da universidade e da escola. Ao tratar dos conteúdos reelaborados para o contexto escolar, alguns autores falam em transposição didática. No entanto, esse termo implica levar/transferir o conteúdo de um lugar para o outro, sem que haja modificação neste. O termo transposição vem sendo substituído por "mediação didática".

1.2 A formação de professores e os seus desafios

Compreender algo que não está dado, não está posto, é investigar um fenômeno conhecido como formação. As ações dos sujeitos ou dos seus produtos podem ser algo não revelado como parte da observação. Para que o homem possa conhecer e compreender o todo, é necessário fazer um desvio, pois "o sentido concreto de cada etapa atingida, ela é imanente ao momento concreto; seu conhecimento é justamente aquele da direção que tornam (inconscientemente) as tendências dirigidas para a totalidade". (Lukács, 2003, p.103). Segundo Vygotsky (1998, p. 85), "estudar alguma coisa historicamente significa estudá-la no seu processo de mudança: esse é o requisito básico do método dialético".

E justamente nesse contexto é importante enfatizar a atividade do professor, que envolve a articulação da teoria e da prática. Essa busca pela organização do ensino tem um suporte nas práticas pedagógicas que permite a partir da transformação dos sujeitos, dos professores e dos alunos transformar a realidade escolar. Segundo Moretti (2007, p. 101): "oscilando entre momentos de reflexão teórica e ação prática e complementando-os simultaneamente que o professor vai se constituindo como profissional por meio de seu trabalho docente, ou seja, da práxis pedagógica".

Podemos dizer então que: se, dentro da perspectiva histórico-cultural, o homem se constitui pelo trabalho, entendendo este como uma atividade humana adequada a um fim e orientada por objetivos, então o professor constitui-se professor pelo seu trabalho – a atividade de ensino – ou seja, o professor constitui-se professor na atividade de ensino. Em particular, ao objetivar a sua necessidade de ensinar e, consequentemente, de organizar o ensino para favorecer a aprendizagem.

A escola não deve ser considerada apenas um espaço de dominação e um mero instrumento para reproduzir a estrutura social vigente, mas, sobretudo, como um instrumento para contribuir e transformar a sociedade em que vivemos.

Segundo Leontiev (1978), o sujeito pode elaborar o seu conhecimento ao:

- Reativar um pensamento ou uma reflexão;
- Planejar as ações e o método de ensino e aprendizagem;
- Definir seus instrumentos de mediação.

A ação de ensinar diferencia o professor de outros profissionais. Para a formação de professores congelar o objeto-formação não seria um bom método, tendo em vista que as qualidades dos sujeitos se refletem em movimento, e se alteram ao partilharem significados e ações educativas.

A formação docente passa por adquirir conhecimento, interação no contexto sociocultural e a continuação desse contexto o colocando em prática com a teoria do mundo, em que a arte de educar pode ser considerada como prática, altamente racional e consciente.

Assumindo que o professor é aquele que concretiza os objetivos sociais propostos no currículo escolar por definir ações, selecionar instrumentos e avaliar os processos de ensino e aprendizagem, Moura (1992) e Moura *et al.* (2010) propuseram o conceito de atividade orientadora de ensino (AOE), que representa um elo entre a atividade do professor e a atividade do aluno (ensino e aprendizagem). A AOE mantém a estrutura de atividade proposta por Leontiev (1978).

A Atividade Orientadora de Ensino refere-se a uma abordagem pedagógica que visa organizar e estruturar o ensino de forma a promover a participação ativa dos alunos e a construção significativa do conhecimento. Esse conceito se baseia em princípios da teoria da atividade e enfatiza a importância da atividade como um meio para alcançar objetivos educacionais. Se um professor está ensinando conceitos de física, em vez de simplesmente fornecer uma explicação teórica sobre química, ele pode planejar experimentos práticos em que os alunos possam testar e observar esses conceitos em ação. A atividade prática serve como o ponto focal para a aprendizagem, permitindo que os alunos construam seu entendimento mediante a experiência direta.

Segundo Moura *et al.* (2010, p. 97), na AOE, ambos, professor e estudante, são sujeitos em atividade e como sujeitos se constituem indivíduos portadores de conhecimentos, valores e afetividade, que estarão presentes no modo como realizarão as ações que têm por objetivo um conhecimento de qualidade nova. Tomar consciência de que sujeitos em atividade são indivíduos é primordial para considerar a AOE como um processo de aproximação constante do objeto: o conhecimento de qualidade nova. A atividade, assim, só pode ser orientadora. Nesse sentido, a AOE toma a dimensão de mediação ao se constituir como um modo de realização de ensino e de aprendizagem dos sujeitos que, ao agirem num espaço de aprendizagem, se modificam e, assim, também se constituirão em sujeitos de qualidade nova.

Assim, a AOE busca conectar o conhecimento teórico com a prática, permitindo que os alunos vivenciem e experimentem os conceitos em contextos reais ou simulados. Em vez de se concentrar apenas na transmissão de informações, a AOE coloca a atividade no centro do processo educativo. As atividades são projetadas para engajar os alunos de maneira ativa e significativa, de forma alinhada com objetivos educacionais específicos. Para que ocorra a participação ativa dos alunos com uma visão reflexiva.

Durante os estágios, ao ter que propor AOE, os licenciandos das áreas da educação, mediante a necessidade, devem ser provocados a reelaborar conceitos dentro da sua área de atuação para que quando forem ensinados para alunos de ensino médio, os conteúdos sejam aplicados de forma simples e de fácil entendimento. A reelaboração pode ocorrer em um contexto triádico de ensino, formado por professores de ensino médio/professores universitários/licenciandos das diferentes áreas da educação. A AOE mantém a estrutura de atividade proposta por Leontiev, ao indicar uma necessidade (apropriação da cultura), um motivo real (apropriação do conhecimento historicamente acumulado), objetivos (ensinar e aprender) e propor ações que considerem as condições objetivas da instituição escolar.

A intencionalidade do processo educativo deve ser orientada para a participação ativa dos alunos em atividades reais e significativas. Isso implica que o ensino deve ser planejado de maneira que os estudantes possam se engajar em tarefas que tenham relevância para suas vidas e interesses, promovendo um aprendizado mais profundo e contextualizado, além de pensar em estratégias de ensino e aprendizagem durante as reuniões de estágio, para que os alunos do ensino médio possam aprender diferentes conteúdos que julgam ser mais difíceis. A participação ativa e o envolvimento direto nas atividades ajudam os alunos a construírem o conhecimento de forma mais eficaz, pois eles não apenas absorvem informações, mas também as aplicam e refletem sobre elas no contexto de suas próprias experiências.

Este livro traz uma revisão de conceitos propostos por Vygotsky, Leontiev e Galperin, e algumas possibilidades para aplicá-los durante a realização do estágio, por estudantes de licenciatura. As interações sociais que ocorrem nesse contexto podem transformar o meio e sobretudo o sujeito mediante os processos dinâmicos de interações.

1.3 Principais intenções na escrita desta obra

- Refletir por meio de uma revisão de conceitos propostos por Vygotsky, Leontiev, e Galperin sobre algumas possibilidades para aplicá-los durante a realização do estágio, por estudantes de licenciatura;

- Revisar sobre os desafios dos professores durante a sua formação, vivenciados durante o estágio;

- Rever conceitos e a importância da linguagem sobre o ponto de vista de Vygotsky;

- Reavaliar os estudos do desenvolvimento humano sobre o olhar de Leontiev na Teoria da Atividade;

- Propor *insights* teóricos e práticos que podem ser aplicados durante as aulas de estágio dos cursos de licenciatura a partir dos estudos de Vygotsky, Leontiev e Galperin.

Para responder a essas indagações fui buscar a referência na pesquisa de Leontiev (1978, p. 264), que diz: "O homem não está evidentemente subtraído ao campo da ação das leis biológicas. O que é verdade é que as modificações biológicas hereditárias não determinam o desenvolvimento sócio-histórico do homem e da humanidade".

As relações entre o sujeito e o objeto, entre estímulo e resposta, estão mediadas pela atividade e dependem das condições, dos objetivos e dos meios. A primeira condição de toda atividade é uma necessidade. E a atividade humana tem como característica principal seu caráter, que deve ser entendido em forma relacional a um objeto que, seja real ou realizável, torna-se motor da ação de um sujeito. Por exemplo, se o indivíduo está com sede e a necessidade é saciar a sede, ele só poderá entrar em atividade se o objeto água estiver disponível.

Trazendo a teoria desses conceitos para esta prática educativa, devemos lembrar que toda atividade se desenvolve a partir de uma necessidade. O objeto é o conteúdo da atividade, e diferencia uma atividade da outra. Assim a necessidade, a atividade e o motivo têm que andar juntos. E a atividade somente se realiza quando esses três componentes se unem. Sabemos que o motivo nasce da necessidade, e o objeto direciona a atividade. É a participação na atividade que possibilita um ensino significativo. Desse modo, a teoria da atividade nos faz refletir sobre a intencionalidade do processo educativo.

Ao indicar uma necessidade (apropriação da cultura), um motivo real (apropriação do conhecimento historicamente acumulado) e objetivos (ensinar e aprender), a atividade orientadora de ensino mantém essa estrutura da atividade proposta por Leontiev.

Dessa forma, compreendo que o estudante e o professor podem transformar o seu motivo em objetivo e realizar a atividade. Desde que ambos, professor e aluno, e principalmente o discente, conheçam a real necessidade de realizar as atividades propostas durante as aulas dos seus componentes curriculares específicos.

Trazendo essa visão para o que presenciamos nos processos de aprendizagem, atualmente podemos dizer que muito do ensino contemporâneo se limita em uma educação reprodutiva e não transformadora do ser. Essa prática nos foi ensinada de geração em geração. E por muitos autores foi considerada "educação tradicional". E como mudá-la? Assim, é importante trabalhar com os alunos a questão da necessidade de cada episódio e aula. Bem como a importância das atividades desenvolvidas no laboratório, a linguagem do grupo dos alunos do ensino médio, para possibilitar organizar e reorganizar o pensamento, a fala e o aprendizado. E criar as possibilidades para entender os conceitos de diferentes áreas do saber.

Sabemos que os licenciandos das áreas da educação muitas vezes enfrentam dificuldades ao tentar reelaborar conteúdos complexos para uma linguagem apropriada para o ensino médio. Essas dificuldades podem surgir por várias razões:

Domínio do Conteúdo

- **Compreensão Profunda** – os licenciandos precisam ter uma compreensão profunda dos conteúdos que estão ensinando. Quando o conhecimento não está completamente consolidado, pode ser difícil simplificar e traduzir os conceitos para uma linguagem acessível.

- **Complexidade dos Conceitos** – muitos conceitos em disciplinas como Matemática, Física, Química e Biologia são intrinsecamente complexos. Traduzir esses conceitos de maneira que sejam compreensíveis para alunos do ensino médio requer uma habilidade significativa em Pedagogia e Comunicação.

Didática e Metodologia

- **Falta de Experiência** – os licenciandos muitas vezes têm pouca experiência com as aulas e com as práticas em sala de aula, o que pode dificultar a adaptação do conteúdo. A prática de ensino requer habilidades que se desenvolvem ao longo do tempo e com a experiência.

- **Métodos Pedagógicos** – escolher os métodos pedagógicos apropriados para explicar conceitos complexos pode ser desafiador. Encontrar maneiras de envolver os alunos e tornar o aprendizado ativo e significativo é uma habilidade que precisa ser desenvolvida.

Conhecimento dos Alunos

- **Nível de Conhecimento Prévio** – avaliar o nível de conhecimento prévio dos alunos é crucial para ajustar o conteúdo. Os licenciandos precisam entender em que etapa os alunos estão em termos de compreensão e quais lacunas precisam ser preenchidas.

- **Diversidade de Aprendizagem** – reconhecer e atender às diferentes necessidades de aprendizagem dos alunos pode ser desafiador. Cada aluno tem um ritmo e estilo de aprendizagem diferentes, e adaptar o ensino para atender a essa diversidade é complexo.

Reelaboração dos Conteúdos

- **Simplificação Sem Perder Precisão** – é uma habilidade difícil de dominar. É crucial manter a precisão científica enquanto se torna o material acessível.

- **Uso de Exemplos e Analogias** – encontrar exemplos e analogias que sejam relevantes e compreensíveis para os alunos do ensino médio, quando aplicado de forma correta, pode ajudar a tornar conceitos abstratos mais concretos. No entanto, isso requer criatividade e uma boa compreensão dos interesses e experiências dos alunos.

Superar essas dificuldades exige estudo contínuo, prática e um compromisso com o desenvolvimento profissional. Ao adotar uma abordagem reflexiva e colaborativa, os licenciandos podem melhorar suas habilidades e tornar o ensino de conteúdos complexos mais eficaz e acessível para os alunos do ensino médio. A metodologia utilizada para a escrita desta obra foi a revisão bibliográfica ou revisão de literatura. Esse tipo de metodologia envolve a análise e síntese de estudos, artigos, livros e outras fontes relevantes sobre um determinado tema ou área de conhecimento.

CAPÍTULO 2

VYGOTSKY

2.1 Uma reflexão sobre as contribuições da perspectiva histórico-cultural

Para alguém cujo objeto de pesquisa é a formação, cabe a pergunta: como o ser humano aprende? Como ele se desenvolve? São muitas as respostas e sabemos quanto o desenvolvimento científico tem contribuído na elucidação. Para responder essas perguntas é claro que existem inúmeras teorias. Vou mencionar algumas, uma vez que essas inquietações são fundamentais para entender a educação e o desenvolvimento humano. Quero abordar cada uma delas separadamente: como o ser humano aprende? O aprendizado humano é um processo complexo e multifacetado que envolve vários fatores e teorias. Dentre as principais perspectivas podemos citar:

- A Teoria Behaviorista, em que estão pontuados: o Condicionamento Clássico no qual Pavlov mostrou que associações entre estímulos podem ser aprendidas; e o Condicionamento Operante, em que Skinner demonstrou que os comportamentos são aprendidos por meio de reforços e punições.

- Já na Teoria Cognitiva podemos citar, por exemplo, Jean Piaget, que propôs quatro estágios do desenvolvimento cognitivo (sensorial motor, pré-operacional, operacional concreto e operacional formal), que descrevem como as crianças constroem conhecimento. Também podemos mencionar Lev Vygotsky, que introduziu o conceito de

Zona de Desenvolvimento Proximal (ZDP), sugerindo que o aprendizado ocorre em contextos sociais e é mediado pela linguagem e pela interação social. E a Teoria da atividade de Leontiev, que definiu que o ser humano só aprende quando ele consegue enxergar a necessidade para tal.

- Na Teoria da Aprendizagem Social Albert Bandura propôs que as pessoas aprendem observando os outros, por meio da modelagem e imitação, e introduziu o conceito de autoeficácia.

- Para a Teoria Humanista Abraham Maslow enfatizou a hierarquia das necessidades, em que as necessidades básicas devem ser satisfeitas antes que a aprendizagem e o crescimento pessoal possam ocorrer. Já Carl Rogers defendeu a importância da autoatualização e da aprendizagem experiencial, na qual o aluno é ativo e o aprendizado é significativo.

- A Teoria Construtivista sugere que o aprendizado é um processo ativo, em que os alunos constroem novos conhecimentos com base em suas experiências e conhecimentos prévios.

E como o ser humano se desenvolve? O desenvolvimento humano abrange mudanças físicas, cognitivas, emocionais e sociais ao longo da vida. Algumas teorias tentam responder, como:

- A Teoria do Desenvolvimento Psicossocial de Erik Erikson, que propôs oito estágios de desenvolvimento psicossocial, cada um com uma crise específica que precisa ser resolvida para um desenvolvimento saudável (por exemplo, confiança *versus* desconfiança na infância).

- A Teoria do Desenvolvimento Moral de Lawrence Kohlberg, que identificou três níveis de desenvolvimento moral (pré-convencional, convencional e pós-convencional) com dois estágios em cada nível, descrevendo como o entendimento moral evolui.

- A Teoria do Desenvolvimento Cognitivo de Jean Piaget, além de suas teorias sobre a aprendizagem, seus estágios do desenvolvimento cognitivo também descrevem como o pensamento e o raciocínio evoluem com a idade.

- A Teoria do Desenvolvimento de Apego de John Bowlby e Mary Ainsworth, que estudaram o apego e a importância das primeiras relações na formação do desenvolvimento emocional e social.

Essas teorias fornecem uma base para entender como aprendemos e nos desenvolvemos ao longo da vida. Porém, nesta obra o foco do nosso conteúdo será voltado para os estudos de Vygotsky e Leontiev. E trazer para as perspectivas do nosso dia a dia como o docente que precisa aprender a transformar o universo da sala de aula, deixando-o mais facilitado e compreensivo para os professores e para os alunos. Ao tomarmos como referência a perspectiva histórico-cultural, assumimos os pressupostos de Vygotsky que ressaltam o papel das interações dos sujeitos em seu meio, mediadas por artefatos culturais que lhes possibilitam a apropriação de conceitos construídos historicamente. Essa perspectiva se origina a partir do materialismo histórico-dialético com base na filosofia marxista, a qual supõe que o ser humano, ao transformar a natureza, transforma a si próprio e cria condições para o desenvolvimento histórico e social.

A matéria para Marx seria tudo aquilo que atua em nossos órgãos sensoriais produzindo as sensações. Nesse processo de estudo sobre o materialismo entendemos também que não é a consciência do homem que determina o seu ser, mas sim é o ser social que determina a sua consciência.

Para Karl Marx foi necessário dividir suas representações na Teoria do Valor do Trabalho e a Concepção do Método Dialético. A primeira foi conduzida pelo pensamento da economia política e dizia que a fonte do valor é o trabalho. No Método Dialético Marx dizia que o homem transforma a matéria prima por meio do trabalho para suprir suas necessidades vitais, transformando a natureza, e se transformando. Assim, o homem produz e estabelece relações sociais implicadas no trabalho, na troca, no comércio, no consumo e nas relações sociais, compondo sua base econômica. Já na sociedade capitalista o homem está alienado. Pois se anula no trabalho. Produz e tem pouco ou quase nenhum acesso ao que produz. Podemos enfatizar as lutas desiguais das classes, em que se por um lado está a exploração da mão de obra dos operários; do outro encontra-se a classe exploradora, a "burguesia". Os estudos de Marx refletem uma crítica à sociedade capitalista e a exploração do homem pelo homem. Ao questionar as condições de vida materiais da sociedade cabe a pergunta: o meio geográfico pode determinar a fisionomia da sociedade? O materialismo histórico responde que não, uma vez que o meio geográfico não determina a fisionomia da sociedade, nem o caráter, e tampouco o regime social dos homens.

Segundo essa teoria, o desenvolvimento do homem se diferencia do princípio do desenvolvimento dos animais. Não podemos salientar que o desenvolvimento social se dá por meio do crescimento populacional. Se o crescimento de uma população fosse o fator determinante do desenvolvimento social, uma população mais povoada deveria ser então mais desenvolvida. Segundo o materialismo histórico, o modo de produção dos bens materiais, como: alimento, vestuário e calçado, deve ser mediante a sua necessidade. Isso a partir das forças produtivas da sociedade, utilizando os seus meios. As relações de produção constituem o modo de produção, e Marx dizia que quando o homem trabalha, ele se modifica.

Assim, para Karl Marx, a divisão entre a Teoria do Valor do Trabalho e a Concepção do Método Dialético é uma questão de distinção entre duas áreas complementares de sua análise econômica e filosófica. Ambas as concepções são essenciais para a compreensão de sua crítica ao capitalismo, mas operam em diferentes níveis de abstração e foco. A Teoria do Valor do Trabalho é uma parte central da análise econômica de Marx, especialmente exposta em seu trabalho *O Capital*. Essa teoria sustenta que o valor de uma mercadoria é determinado pela quantidade de trabalho socialmente necessário para produzi-la. Essa teoria é usada por Marx para explicar a exploração dos trabalhadores, a acumulação de capital e as crises econômicas no sistema capitalista.

A Concepção do Método Dialético, por outro lado, é a abordagem filosófica que Marx usa para analisar a realidade social e histórica. Inspirado pela dialética de Hegel, Marx adapta e transforma essa abordagem para uma perspectiva materialista. A dialética marxista enfatiza a contradição, a mudança e a interconexão entre os fenômenos sociais. Esse método é essencial para entender como as relações econômicas, as estruturas sociais e as ideias evoluem e se transformam ao longo do tempo. A relação entre as duas concepções não é uma separação rígida, mas sim uma diferenciação de enfoque em que: a Teoria do Valor do Trabalho fornece uma análise específica da economia capitalista, explicando como o valor é criado e distribuído. E o Método Dialético oferece uma metodologia para entender a totalidade das relações sociais e econômicas em constante transformação.

Para Marx, essas duas abordagens são interdependentes. A Teoria do Valor do Trabalho fornece o conteúdo concreto que a dialética analisa e critica, enquanto o Método Dialético fornece a estrutura metodológica para a análise e a crítica da economia política. Para Marx, a distinção entre a Teoria do Valor do Trabalho e o Método Dialético é necessária porque cada uma desempenha um papel distinto, mas complementar, em sua crítica ao capitalismo e em sua visão de transformação social.

Segundo Vygotsky, todo fenômeno pode ser compreendido em seu processo de mudança. O controle da natureza e o controle do comportamento estão mutuamente ligados, como a alteração provocada pelo homem sobre a própria natureza, que altera a natureza do homem.

A consciência humana é o resultado da necessidade humana de subsistência. Vygotsky priorizou o trabalho, pois a partir dele se exige a linguagem. Podemos entender por meio dos exemplos que o trabalho da abelha não a transforma, bem como a sua colmeia. O mesmo acontece com a aranha, que constrói sua teia. Para ambas, a abelha e a aranha, no trabalho que realizam não há uma modificação do plano psíquico. Já um arquiteto elabora mentalmente todo o seu trabalho, define os seus meios, o caráter, e assim ele se modifica no plano psíquico.

Lev Vygotsky focou o seu trabalho amplamente na psicologia do desenvolvimento, especialmente no desenvolvimento cognitivo e na linguagem. Uma de suas contribuições mais importantes foi a teoria sócio-histórica, que enfatiza o papel da interação social no desenvolvimento da cognição. Vygotsky argumentou que o desenvolvimento cognitivo humano é profundamente influenciado por fatores sociais e culturais, e que a linguagem desempenha um papel crucial nesse processo. Para Vygotsky o Papel do Trabalho e o uso da Ferramenta são fundamentais para o desenvolvimento humano. Ele acreditava que a interação com o ambiente por meio do trabalho e do uso de ferramentas moldava a maneira como os seres humanos pensam e percebem o mundo.

Para Vygotsky, a linguagem é uma das ferramentas psicológicas mais importantes. Ele acreditava que a linguagem não é apenas um meio de comunicação, mas também uma ferramenta de pensamento. A partir da linguagem, os indivíduos internalizam as formas de pensamento da sua cultura, o que permite o desenvolvimento de funções cognitivas superiores. Vygotsky enfatizou a importância da mediação social no desenvolvimento cognitivo. Ele acreditava que as interações sociais com outros, especialmente com indivíduos mais experientes (como pais, professores, ou colegas mais velhos), são cruciais para o desenvolvimento das habilidades cognitivas.

Já para Leontiev a atividade humana é a unidade básica para compreensão do psiquismo porque essa atividade prática existe dentro do modo de produção. Para Leontiev, a atividade humana é considerada a unidade básica para a compreensão do psiquismo. Ele argumenta que é por meio da atividade prática que ocorre dentro do contexto do modo de produção que se pode entender como as funções psicológicas superiores se desenvolvem e se manifestam. A abordagem de Leontiev está enraizada na teoria histórico-cultural de Vygotsky, mas ele expande essa perspectiva ao enfatizar a importância da atividade prática e concreta na formação da consciência e dos processos psicológicos. A atividade é vista como o elo entre o indivíduo e a sociedade, mediatizada por instrumentos e signos, o que torna possível a internalização de práticas sociais e culturais.

Os psicólogos soviéticos elegeram o conceito de atividade como um dos princípios centrais do estudo do desenvolvimento do psiquismo. Entendidas como uma unidade dialética, consciência e atividade são consideradas dois elementos fundamentais à psicologia histórico-cultural. Esta, desenvolvida por Lev Vygotsky e seus seguidores, a relação entre consciência e atividade, é considerada central e inseparável.

A consciência, nessa abordagem, é vista como um fenômeno social e histórico, que se desenvolve a partir das interações do indivíduo com o ambiente social e cultural. Vygotsky acreditava que as funções mentais superiores (como o pensamento abstrato, a memória e a linguagem) se originam nas interações sociais e são internalizadas pelo indivíduo. Portanto, a consciência é sempre mediada por ferramentas culturais, como a linguagem, e não pode ser entendida isoladamente do contexto histórico e social.

Já a atividade, por outro lado, refere-se às ações práticas que os indivíduos realizam no mundo. Essas atividades são sempre orientadas por objetivos e são mediadas por ferramentas (físicas e simbólicas) que a cultura oferece. A teoria da atividade, desenvolvida por A. N. Leontiev, um dos principais seguidores de Vygotsky, enfatiza que as atividades humanas são dirigidas por motivos e são fundamentais para o desenvolvimento da consciência.

Essa perspectiva dialética entende que a consciência (os processos mentais internos) e a atividade (as ações práticas externas) estão intimamente ligadas e se influenciam mutuamente.

Conforme defende Vygotsky (2002, p. 115), a aprendizagem: "[...] pressupõe uma natureza social específica e um processo através do qual as crianças penetram na vida intelectual daqueles que a cercam".

Na perspectiva histórico-cultural, a relação entre consciência e atividade é dialética porque uma influencia a outra em um processo contínuo e recíproco. A atividade prática no mundo contribui para o desenvolvimento da consciência, enquanto a consciência, por sua vez, orienta e transforma a atividade. Esse entendimento implica que para compreender o desenvolvimento humano é necessário analisar tanto os processos internos (consciência) quanto os externos (atividade) e suas interações.

Essa abordagem tem importantes implicações para a psicologia, especialmente na educação e na psicologia do desenvolvimento. Ela sugere que o desenvolvimento cognitivo deve ser entendido como um processo mediado culturalmente e que a aprendizagem é fundamentalmente um processo social. As práticas educacionais, portanto, devem considerar o contexto social e cultural dos alunos e promover atividades que estimulem a interação e a colaboração.

Em resumo, na psicologia histórico-cultural, consciência e atividade são elementos indissociáveis que se desenvolvem conjuntamente por meio das interações sociais e culturais. Essa visão dialética é essencial para entender como os indivíduos se desenvolvem e aprendem ao longo da vida. A mediação refere-se ao uso de ferramentas psicológicas, como a linguagem, para facilitar o desenvolvimento cognitivo. Vygotsky argumentava que essas ferramentas são essenciais para a formação do pensamento complexo e a resolução de problemas.

O desenvolvimento cognitivo se processa na relação que o sujeito faz com os meios físico e social e que são mediados por instrumentos e signos, como exemplo, a linguagem. Dessa forma, entendemos que a aprendizagem não ocorre espontaneamente. Vygotsky via a aprendizagem como um processo profundamente influenciado pela cultura. As práticas e os valores culturais moldam a forma como as crianças pensam e aprendem. É necessário que as condições do sujeito sejam mediadas culturalmente por meio da experiência social da humanidade, e não apenas mediante os seus fatores biológicos. Segundo Leontiev,

> O homem não está evidentemente subtraído ao campo da ação das leis biológicas. O que é verdade é que as modificações biológicas hereditárias não determinam o desenvolvimento sócio-histórico do homem e da humanidade (Leontiev, 1978, p. 264).

Atentos aos pressupostos de Vygotsky, que nos alerta quanto à necessidade da análise dos processos em seu desenvolvimento (Vygotsky, 2000), assumimos que, para captar o objeto de formação, ou seja, como se dá o processo de reelaboração conceitual pelos licenciandos, primeiro é necessário colocá-los em um movimento relativamente acessível. Partindo desse princípio, é fundamental abordamos a importância da formação do professor, especificamente desses futuros professores das diferentes áreas, o que requer que o aluno saiba interpretar, além de intercalar com os seus conhecimentos científicos específicos. Ou ainda fazê-los entender a diferença entre os modelos trabalhados nas diferentes áreas do conhecimento e a sua realidade. Aproximando e envolvendo o aluno com a ciência.

A participação direta do professor na constituição de processos psíquicos do aluno está ligada ao processo de ensinar e aprender. Podemos destacar os estágios como fontes de aprendizado para a formação de professores. Na escola, os licenciandos são orientados por professores supervisores, que auxiliam no seu desenvolvimento profissional e em suas perspectivas. Os licenciandos também têm a oportunidade de conhecer os alunos das escolas parceiras, e poder interpretar esse momento como fonte de aprendizado. Porém, quando pensamos nos alunos que fazem a licenciatura a distância, se faz necessária durante a prática presencial do estágio a participação assídua do preceptor orientando o licenciando e o conduzindo a pensar e refletir em várias possibilidades de como reelaborar os conteúdos vistos nas aulas livres com o professor e a sua aplicabilidade no estágio. A tentativa é sugerir o ensino-aprendizado de maneira clara, com uma linguagem acessível vinda dos licenciandos para os alunos do ensino médio, por exemplo. A organização de encontros presenciais ou até mesmo on-line por meio de reuniões com o professor do estágio e com o preceptor no caso dos cursos a distância possibilita criar situações que favorecem a participação coletiva dos licenciandos para agirem como sujeitos em atividade, em que a linguagem se constituiu no principal instrumento mediador.

Os pressupostos da teoria histórico-cultural nos direcionaram no sentido de instituir situações de ensino de forma intencional. Assim, se concentram as condições objetivas para que os sujeitos interajam partilhando significado e, desse modo, podendo atingir nova síntese sobre um objeto de ensino. Para que o homem consolide a relação da educação e seu aprendizado, também devemos pensar nas ações de superação, cooperação e emancipação como princípios éticos da psicologia histórico-cultural, bem como na formação de um novo homem. Não apenas a sua emancipação individual, mas sim coletiva.

2.2 Vygotsky

Lev Vygotsky foi um psicólogo russo, conhecido por suas contribuições fundamentais à psicologia do desenvolvimento e à teoria sociocultural da aprendizagem. Ele nasceu em 1896 e morreu em 1934. Vygotsky teve formação em medicina e direito. Ele se radicou em Gomel, uma cidade da Bielorrússia que, na época, estava situada em um território de confinamento de judeus na Rússia czarista. Vygotsky desenvolveu uma produção científica que viria a influenciar profundamente a psicologia e a educação. Sua obra é marcada por uma abordagem histórico-cultural, focando na importância das interações sociais e culturais no desenvolvimento cognitivo humano.

Vygotsky desenvolveu sua produção psicológica principalmente em Moscou, onde faleceu em 1934, aos 38 anos de idade. Esse contexto histórico e social é crucial para entender o trabalho de Vygotsky, que se concentrou na demonstração do caráter histórico e social da mente humana e na possibilidade de intervir em seu desenvolvimento. Entre suas principais obras, que tiveram grande repercussão no Brasil, destacam-se *Formação Social da Mente* (1984), *Pensamento e Linguagem* (1993) e *A Construção do Pensamento e da Linguagem* (2001).

Suas ideias influenciaram profundamente a educação, psicologia, linguística e outras áreas das ciências sociais, e continuam a ser estudadas e aplicadas em diversas práticas educativas ao redor do mundo. Vygotsky valorizava a ação e a intervenção pedagógica e se preocupava com a escola, com o professor, e sobretudo com o papel do educador no aprendizado e na formação do sujeito. O desenvolvimento deve ser olhado para frente, ou seja, para aquilo que não aconteceu ainda de maneira prospectiva e não retrospectiva. Com relação ao aprendizado da criança a ação educacional vai acontecer justamente naquilo que não ocorreu ainda.

Em suas pesquisas, Vygotsky buscava elaborar categorias e princípios para desenvolver uma teoria psicológica que abordasse o psiquismo humano com base na dialética. Uma de suas preocupações iniciais era estabelecer um diálogo com os psicólogos russos da época, demonstrando que a consciência e o comportamento, os principais objetos de investigação psicológica, não poderiam ser compreendidos separadamente, mas sim como uma totalidade unificada. Assim, sua motivação era identificar o mecanismo pelo qual os processos psicológicos se desenvolvem no indivíduo (a formação da consciência) por meio da aquisição da experiência social e cultural.

Uma das ideias básicas na teoria psicológica de Vygotsky é o caráter histórico e social dos processos psicológicos superiores, que são únicos dos seres humanos. Esses processos, como a escrita, que demonstram um alto grau de universalização e descontextualização da realidade empírica imediata, têm sua origem na vida social. Para explicar esse raciocínio, Vygotsky (1988, p. 114) afirma:

> Os processos psicológicos superiores têm origem na vida social e refletem a relação do indivíduo com o meio social. Isso significa que a mente humana é moldada e transformada pela cultura e pela interação social, e que as funções mentais superiores se desenvolvem a partir de atividades coletivas e mediadas culturalmente.

Essa passagem ilustra a visão de Vygotsky sobre como o desenvolvimento cognitivo humano é indissociável do contexto social e cultural em que está inserido, mostrando que o pensamento humano não se desenvolve isoladamente, mas em interação constante com o ambiente social.

2.3 O desenvolvimento do ser humano segundo Vygotsky

A ideia central a se ressaltar é que as funções mentais superiores do ser humano, como percepção, memória e pensamento, desenvolvem-se em interação com o meio sociocultural, mediadas por signos. Segundo Vygotsky, o desenvolvimento mental e a capacidade de compreender e atuar no mundo são construções sociais que dependem das relações que o indivíduo estabelece com seu ambiente. Nesse processo de desenvolvimento das funções mentais superiores, o plano interpsíquico, interpessoal e social tem prioridade, ou seja, a interação social e cultural é fundamental para a formação e aprimoramento dessas funções cognitivas. O desenvolvimento das funções mentais superiores não ocorre de forma isolada, mas sim por meio da mediação social, em que as experiências e as interações com o meio sociocultural desempenham um papel crucial na formação do pensamento e das capacidades cognitivas.

Vygotsky foi um psicólogo soviético amplamente reconhecido por suas contribuições ao desenvolvimento cognitivo e à teoria sociocultural. Ele estudou as teorias e os mecanismos que possam ajudar no desenvolvimento e na inserção do sujeito no contexto social. Para Vygotsky, o desenvolvimento humano se daria de fora para dentro devido à importância da imersão do sujeito no mundo. Para explicar o desenvolvimento do ser humano, Vygotsky dispõe do que chamou de Zona de Desenvolvimento Proximal (ZDP). E considerou que esta seria a distância entre o que uma criança pode fazer sozinha e o que pode fazer com a ajuda de um adulto ou de um colega mais capaz. Vygotsky argumentava que a aprendizagem ocorre nessa zona, em que o apoio e a orientação são essenciais para o desenvolvimento cognitivo.

Certamente, uma das contribuições mais conhecidas de Vygotsky é o conceito de ZDP, que pode ser compreendido sendo a diferença entre o que uma criança pode fazer sozinha e o que pode fazer com ajuda. Ele acreditava que o aprendizado ocorre mais efetivamente dentro dessa zona, a partir da assistência e da interação com outros. Embora Vygotsky tenha reconhecido a importância do trabalho e das ferramentas no desenvolvimento humano, ele não se limitou a isso. Sua teoria abrange uma visão mais ampla, em que a interação social e a linguagem são elementos centrais no desenvolvimento da consciência e das funções cognitivas humanas.

A ZDP contém funções ainda em processo de maturação, mas já presentes em estado embrionário.

> [A ZDP] é a distância entre o nível de desenvolvimento real, que se costuma determinar através da solução independente de problemas, e o nível de desenvolvimento potencial, determinado através da solução de problemas sob a orientação de um adulto ou em colaboração com companheiros mais capazes. [...] A zona de desenvolvimento proximal define aquelas funções que ainda não amadureceram, mas que estão em processo de maturação, funções que amadurecerão, mas que estão presentemente em estado embrionário [...] a zona de desenvolvimento proximal hoje será o

nível de desenvolvimento real amanhã (Vigotski, 2007, p. 97-98).

Pressupomos que a interação entre os indivíduos seja fundamental na constituição do ser humano, pois a relação interpessoal poderá interiorizar as formas culturalmente estabelecidas de funcionamento psicológico. Segundo a perspectiva vigotskiana, atuar na ZDP promovendo a interação interpessoal do professor com alunos e colegas é fundamental para favorecer o desenvolvimento de ambas as partes.

A ZDP é a distância entre o que um indivíduo já consegue fazer de forma independente e o que ele pode fazer com ajuda de outros. Em outras palavras, é a área entre o desenvolvimento atual, demonstrado pela capacidade de resolver problemas de forma autônoma, e o desenvolvimento potencial, que pode ser alcançado com orientação ou colaboração de um mais experiente, como um adulto ou colegas mais capacitados. A importância da ZDP está profundamente ligada ao processo de desenvolvimento e aprendizagem, pois evidencia que a aprendizagem não é apenas individual, mas também social e colaborativa. Ao trabalhar dentro da ZDP, o aprendizado se torna mais eficiente, pois o indivíduo é desafiado de maneira que pode ser superada com ajuda, promovendo o progresso cognitivo e desenvolvimento contínuo.

A ZDP é um conceito poderoso para a educação, pois oferece uma abordagem mais dinâmica e interativa para o aprendizado. Alguns pontos importantes sobre sua aplicação:

- **Aprendizagem e Desenvolvimento:** a ZDP destaca que o aprendizado não é apenas um processo de absorção passiva de conhecimento, mas sim uma interação dinâmica. A aprendizagem ocorre na interseção entre o que um estudante já sabe e o que ele pode alcançar com o suporte adequado.

- **Interação Social:** a ZDP enfatiza a importância da interação social no processo de aprendizagem. A colaboração com outros, especialmente com aqueles que têm mais conhecimento ou habilidades, ajuda a expandir as capacidades cognitivas do indivíduo.

- **Educação e Ensino:** para os educadores, compreender a ZDP significa que eles devem adaptar suas estratégias de ensino para se adequar ao nível atual de competência dos alunos e, ao mesmo tempo, proporcionar desafios e suporte para que os alunos possam avançar em sua ZDP.

- **Potencial de Desenvolvimento:** a ZDP permite que os educadores e pesquisadores identifiquem e trabalhem com o potencial de desenvolvimento dos alunos, ao invés de se concentrar apenas no que eles já sabem. Isso abre oportunidades para um ensino mais eficaz e personalizado.

Um exemplo prático é se um aluno consegue resolver problemas matemáticos básicos de forma independente, mas precisa de ajuda para resolver problemas mais complexos, a ZDP desse aluno é o intervalo entre essas duas habilidades. Com a orientação adequada, o aluno pode alcançar um nível mais alto de compreensão e habilidades matemáticas, que representa seu desenvolvimento potencial. Dessa forma, a teoria de Vygotsky sobre a ZDP oferece uma visão poderosa sobre como o desenvolvimento cognitivo é impulsionado pela interação social e pela aprendizagem colaborativa, e continua a influenciar práticas educacionais e psicológicas até hoje.

O termo Andaimagem é outro conceito que está relacionado à ZDP e refere-se ao suporte temporário fornecido por um adulto ou colega mais experiente, que ajuda a criança a realizar tarefas que ela não conseguiria completar sozinha. À medida que a criança adquire mais habilidades e confiança, o suporte é gradualmente retirado. Dessa forma, Vygotsky enfatizava o papel crucial da interação social no desenvolvimento cognitivo. Ele acreditava que o aprendizado é um processo social, e que o desenvolvimento das funções mentais superiores é mediado pela linguagem e pelas interações sociais.

Assim, ao questionar concepções sobre os processos humanos de aprendizagem, acrescenta na relação sujeito-objeto a mediação. Ou seja, para esse autor, essa interação é mediada e, em especial, é feita por signos e num movimento da esfera interpsíquica (campo das relações – atividade coletiva) para a esfera intrapsíquica (sujeito – atividade individual) (Vygotsky, 2000, 2001).

Em suas obras, Vygotsky também retrata a importância da intervenção pedagógica, em que o sujeito entra em contato com informações de um ambiente que está estruturado pela cultura. A intervenção pedagógica é essencial para o desenvolvimento de cada indivíduo, de cada sujeito. E se faz presente a intervenção deliberada de outras pessoas na vida do sujeito que efetivamente contribuirão para o seu desenvolvimento. Sendo assim, a escola tem um importante papel nessa função juntamente aos professores. A escola deve ser vista como um local extremamente importante para o desenvolvimento do ser humano.

As relações entre o ensino e a aprendizagem em um processo educativo, segundo esse autor, estão fundamentadas na compreensão sobre o desenvolvimento do psiquismo humano. Diante desse contexto, podemos ressaltar a importância dos estudos sobre a teoria da atividade no desenvolvimento humano. A Teoria da Atividade (T.A.) surgiu no campo da psicologia, com os trabalhos de Vygotsky e Leontiev. Ela pode ser considerada um desdobramento do esforço para a construção de uma psicologia sócio-histórico--cultural fundamentada na filosofia marxista (Golder, 2004).

Vygotsky divide os quatro tipos de desenvolvimento que caracterizam o funcionamento psicológico do ser humano:

- A filogênese, que é a história da espécie humana,

- A ontogênese, que é a história do indivíduo da espécie,

- A sociogênese, que é a história sociocultural em que o sujeito está inserido, e, por fim,

- A microgênese, que fala de um aspecto microscópio do desenvolvimento.

Na filogênese e na ontogênese ambas são de natureza biológica, e dizem respeito à pertinência do homem na espécie. Somos membros de uma determinada espécie e que se desenvolve. Já a sociogênese ou histórico-cultural diz respeito à história cultural em que o sujeito está inserido e que pode interferir no comportamento psicológico. Já na microgênese, mostra que cada fenômeno psicológico tem a sua história com foco bem definido. Entre o saber e o não saber, algo aconteceu nesse período. Por exemplo, quando uma criança aprendeu a amarrar o calçado? Esse período é a microgênese.

Um outro exemplo de microgênese pode ser observado no processo de uma criança aprendendo a andar de bicicleta sem rodinhas de apoio. Inicialmente, a criança pode sentir medo e falta de equilíbrio. Aos poucos, com a prática e a orientação de um adulto, ela começa a entender como manter o equilíbrio e coordenar os movimentos. Durante esse período, que pode durar dias ou semanas, a criança passa por várias fases de tentativa e erro, ajustando seus movimentos e aprendendo a controlar a bicicleta. Nesse processo o conhecimento e a habilidade são construídos de forma gradual e singular, refletindo a experiência única da criança em aprender a andar de bicicleta. Assim, ao contrário da filogênese e da ontogênese, em que existiu uma certa influência do determinismo, na microgênese aparece a construção da singularidade de cada sujeito. Dessa forma, considero que as obras de Vygotsky são amplamente reconhecidas por sua profundidade e abrangência, oferecendo uma base teórica rica para a exploração e o desenvolvimento por inúmeros pesquisadores e educadores. A teoria histórico-cultural de Vygotsky, com seu foco na mediação, no desenvolvimento da linguagem e na interação social como elementos centrais do desenvolvimento cognitivo, tem sido extremamente influente e gerou um vasto campo de estudo e prática. Sua capacidade de integrar aspectos culturais, sociais e históricos no desenvolvimento humano tornou suas ideias aplicáveis em diversas áreas, incluindo psicologia, educação, linguística, e muito mais. Como resultado, muitos pesquisadores continuam a expandir, reinterpretar e aplicar seus conceitos em contextos variados, demonstrando a vitalidade e relevância contínua de seu trabalho.

Essa fecundidade teórica é um testemunho do impacto duradouro de Vygotsky na compreensão do desenvolvimento humano e na prática educativa, permitindo que sua obra continue a inspirar novas abordagens e práticas pedagógicas. É o que eu venho fazendo como escritor e pesquisador. Tenho aprofundado e expandido as ideias de Vygotsky desde a minha defesa de doutorado. A riqueza teórica e a aplicabilidade prática de suas obras têm guiado minha trajetória acadêmica e me permitido contribuir para o avanço do campo educacional, explorando novas abordagens pedagógicas e práticas de ensino. Isso destaca a continuidade do seu trabalho e seu compromisso em desenvolver as ideias de Vygotsky em suas pesquisas e escritos.

2.4 Estruturas primitivas e superiores, e o processo de mediação

As Estruturas Primitivas (ou Funções Psicológicas Inferiores) são habilidades cognitivas básicas com as quais os seres humanos nascem. Incluem percepções sensoriais, reflexos, memória involuntária e atenção não dirigida. Essas funções são compartilhadas com outros animais e são biológicas e naturais. Já as Estruturas Superiores (ou Funções Psicológicas Superiores) desenvolvem-se a partir das estruturas primitivas por meio da interação social e da cultura. Nelas estão incluídas as habilidades como pensamento abstrato, raciocínio lógico, memória voluntária e atenção dirigida. São mediadas por ferramentas culturais, como a linguagem e outros sistemas simbólicos, e representam a internalização de práticas e conhecimentos culturais.

Vygotsky distinguia entre funções mentais inferiores, que são biológicas e comuns a todos os seres humanos, e funções mentais superiores, que são culturais e desenvolvidas a partir da interação social e da mediação.

O homem civilizado possui uma excepcional liberdade para realizar intencionalmente qualquer ação mesmo que essa ação não tenha sentido. Em relação aos conceitos de desenvolvimento propostos por Vygotsky, podemos destacar o desenvolvimento da criança, que se apresenta em uma ativa produção adaptativa ao meio exterior. Com relação às estruturas primitiva e superior, foi demonstrado que a estrutura primitiva tem um caráter mais biológico, porém a estrutura superior nasce durante o desenvolvimento cultural, social e histórico. O todo e as partes se desenvolvem paralelamente um ao outro, continuando a apresentar as estruturas primitivas junto às estruturas superiores, sendo superadas pelo estímulo. A internalização, conforme descrito por Vygotsky, é um processo fundamental no desenvolvimento das funções psicológicas superiores. Ela envolve a transformação de operações externas, que o indivíduo realiza em interação com o ambiente, em processos internos, ou seja, que ocorrem dentro da mente do sujeito. Esse processo é essencial para a formação de funções mentais superiores e pode ser dividido em duas transformações principais:

- **Transformação de Atividade Externa em Interna**: a internalização começa com atividades realizadas externamente, em um contexto social e cultural. À medida que essas atividades são repetidas e praticadas, elas são internalizadas e se tornam processos internos. Por exemplo, a prática de uma habilidade, como a leitura, inicia-se como uma atividade externa e gradualmente se torna uma capacidade interna do sujeito.

- **Transformação de Processos Interpessoais em Intrapessoais**: processos que inicialmente ocorrem entre indivíduos, como a comunicação e o diálogo, são internalizados e transformam-se em processos internos, como o pensamento e a reflexão. A fala, por exemplo, é usada inicialmente para comunicar-se com outros e, com o tempo, torna-se um meio para o pensamento interno.

Dois aspectos fundamentais na explicação da internalização são:

- **Percurso da Internalização:** o processo de internalização inicia-se com a interação social e cultural e se transforma em processos internos. Isso significa que o conhecimento e as habilidades são adquiridos por meio da interação com o ambiente social e depois se tornam parte da estrutura mental do indivíduo. A fala, por exemplo, começa como uma ferramenta de comunicação social e se torna um meio para o pensamento interno.

- **Criação da Consciência pela Internalização:** Vygotsky argumenta que a internalização não é uma simples transferência ou cópia dos conteúdos da realidade objetiva para o interior da consciência. Em vez disso, a internalização é um processo criador que forma a consciência. Ou seja, a própria internalização dos processos sociais e culturais contribui para a construção da consciência e das funções mentais superiores.

Esses aspectos demonstram a importância dos processos socioculturais específicos, como a educação e o ensino escolar, no desenvolvimento da consciência e das capacidades cognitivas. A internalização é, portanto, um processo dinâmico e criador que integra a experiência social na estrutura mental do indivíduo.

Esses conceitos mostram como Vygotsky vê o desenvolvimento do conhecimento como um processo profundamente enraizado na interação social e na utilização de ferramentas culturais. A compreensão do conhecimento e do desenvolvimento cognitivo é, portanto, inseparável das condições e contextos sociais em que ocorre. Com relação ao estágio do desenvolvimento da conduta da criança, Vygotsky acreditava que o desenvolvimento da conduta da criança é um processo dinâmico e socialmente mediado, no qual a interação com o ambiente cultural e com as outras pessoas desempenha um papel crucial. Vygotsky diz que não são as repetições que irão garantir o conhecimento e sim o significado social que a criança relaciona com os fatos. O trabalho com os instrumentos e os signos mostra que a relação do homem com o mundo não é uma relação direta, mas sim mediada.

O instrumento refere-se àquilo que eu utilizo para exercer uma função. Por exemplo, utilizo o cerrote para cortar a lenha. Já os signos são elementos que nos facilitam a identificação, como, por exemplo, um desenho de uma figura masculina na porta de um banheiro masculino. Essa distinção é importante em várias áreas, como na comunicação, na semiótica e na prática profissional, para entender como utilizamos ferramentas e símbolos para interagir com o mundo ao nosso redor.

Podemos citar um outro exemplo. O caderno é considerado um objeto que pode ser usado para escrever, desenhar ou para anotações. É um item físico com várias utilidades. Para tal, usamos o lápis, que é um instrumento que utilizamos para escrever ou desenhar no caderno. A ferramenta é mediadora da ação e permite que a tarefa seja realizada. Porém, quando, por exemplo, nós escrevemos a palavra "nuvem" no caderno, a palavra se transforma em um signo que representa o conceito de o que é uma nuvem. Segundo Vygotsky, os signos são importantes porque ajudam na mediação psicológica e na formação de conceitos, permitindo a comunicação e o pensamento abstrato.

As relações diretas ou não mediadas são distintas das relações mediadas. Porém ambas podem se complementar. Quando eu encosto o dedo em uma vela acesa sinto queimar, essa é uma relação direta. Já num outro momento na presença de fogo irei lembrar que queima, e que eu posso tirar a mão antes de queimar o meu dedo, então temos uma relação que foi mediada pela experiência anterior. Grande parte da ação do mundo é mediada pela presença de experiências de outras pessoas. Para Vygotsky, a mediação é o processo pelo qual as interações sociais e culturais influenciam o desenvolvimento cognitivo. Isso ocorre principalmente por meio da Interação Social, com indivíduos mais experientes, como pais, professores e colegas, no desenvolvimento cognitivo das crianças.

A partir da mediação, as crianças internalizam as práticas e conhecimentos culturais, transformando-os em processos mentais próprios. Esse processo de internalização permite que as crianças passem de funções psicológicas inferiores para funções psicológicas superiores. Podemos citar como exemplos práticos as brincadeiras e os jogos. Vygotsky considerava a brincadeira uma atividade essencial para o desenvolvimento cognitivo, pois nela as crianças experimentam papéis sociais e internalizam normas culturais.

Os métodos de ensino que promovem a colaboração e o diálogo, como o ensino recíproco, são baseados nas ideias de Vygotsky sobre a mediação e a ZDP. A teoria de Vygotsky destaca a importância da cultura e das interações sociais no desenvolvimento cognitivo, mostrando que o aprendizado é um processo social antes de ser individual.

Trazendo essa teoria para o mundo escolar, devemos destacar que para que os professores realizem a mediação também é necessário que a direção escolar e o setor pedagógico estejam dispostos a ajudá-lo com as mudanças necessárias, dando apoio técnico e pedagógico. Nesse sentido ambos devem ser motivados, assumir a responsabilidade do ensino, ser dinâmicos com as funções, criativos, e saber distinguir e priorizar necessidades corriqueiras. Isso requer um constante aprendizado. Entretanto, as ferramentas culturais, especialmente a linguagem, são essenciais para a mediação.

2.5 O pensamento e a linguagem

A linguagem não apenas facilita a comunicação, mas também molda o pensamento. Vygotsky refere-se à linguagem como a língua, ou à fala propriamente dita. Sendo primordial para o estudo do desenvolvimento. A linguagem, por meio da palavra, pode ser um horizonte para os estudantes construírem seu conhecimento mediante as disciplinas específicas para cada curso de licenciatura, especificamente para o componente de estágio curricular, que é obrigatório na formação de futuros professores. Vygotsky faz uma importante distinção entre "sentido" e "significado" das palavras, o que tem implicações significativas para o ensino e a compreensão da linguagem:

- **Sentido e Significado:** Vygotsky descreve o "sentido" de uma palavra como a soma de todos os eventos psicológicos e associações que a palavra desperta na consciência de um indivíduo. É uma construção mais ampla e dinâmica, que inclui todas as experiências e contextos pessoais que moldam o entendimento de uma palavra. Em contraste, o "significado" é uma parte mais estável e precisa do sentido, representando o consenso social ou a definição convencionalmente aceita da palavra.

- **Discurso Interior e Exterior:** no discurso interior (pensamento), o sentido de uma palavra tende a ter um papel predominante sobre o significado. Isso significa que, enquanto o significado fornece uma definição estável, o sentido incorpora as experiências e contextos individuais que influenciam como uma pessoa compreende e usa a palavra.

- **Função da Linguagem:** Vygotsky vê a linguagem como uma ferramenta crucial para a consciência. Ela não só ajuda a compor, controlar e planejar o pensamento, mas também serve como um meio de intercâmbio social. A linguagem desempenha um papel fundamental na construção da consciência individual, ao mesmo tempo que reflete e é moldada pelas interações sociais.

- **Relações Cognitivas e Mediadas:** a relação entre pensamento e fala, entre a fala interior e exterior, entre sentido e significado, e entre o homem e o mundo, é uma interdependência que Vygotsky explora para entender como o conhecimento é construído e internalizado. A atividade cognitiva do homem é mediada por instrumentos e signos, e o processo de internalização é visto como uma reconstrução interna de operações externas realizadas em interação com o ambiente.

Esses conceitos destacam a complexidade da linguagem e da consciência como processos interconectados e mediadores na construção do conhecimento. Vygotsky enfatiza a importância da mediação social e cultural na formação do pensamento e na internalização dos conceitos, mostrando como a linguagem e os signos desempenham um papel fundamental na estruturação da consciência e na interação com o mundo.

Segundo Vygotsky (2009, p. 427):

> [...] o pensamento não se exprime na palavra, mas nela se realiza". A busca por nexos cognitivos pode gerar através dos conceitos, o processo de construção do conhecimento (VYGOTSKY, 2007). Este processo é um "processo interior por natureza e exterior por manifestação".

Vygotsky (2009) dizia que o pensamento e a linguagem guardam em si uma unidade dialética agindo como elementos autônomos. Para ele: "a relação entre a palavra e o pensamento é, antes de tudo, não uma coisa, mas um processo, um movimento do pensamento à palavra e da palavra ao pensamento" (Vygotsky, 2009, p. 409). Assim, o pesquisador reforça essa ideia ao sugerir que o pensamento e a linguagem guardam uma unidade dialética. Isso significa que eles se influenciam mutuamente de forma dinâmica e contínua. A linguagem proporciona as ferramentas necessárias para a formação de conceitos e raciocínios complexos, enquanto o pensamento, por sua vez, molda e é moldado pelo uso da linguagem. No contexto da teoria de Vygotsky, a mediação, especialmente a linguagem, desempenha um papel crucial no desenvolvimento do pensamento e dos processos intelectuais superiores.

A linguagem não é apenas uma ferramenta de comunicação, mas também um meio de mediação do pensamento e da experiência. O desenvolvimento dos processos intelectuais superiores está intimamente ligado à capacidade de formar conceitos, o que é facilitado pela interação social e pelo papel da linguagem no processo de mediação (Vygotsky, 1993, p. 50).

A mediação pedagógica refere-se à maneira como o conhecimento é transmitido e compreendido por meio da interação social. Essa interação não é passiva, mas ativa, em que o aluno é guiado e apoiado na construção de seu entendimento. A presença de um "outro" significativo (um professor ou um colega mais experiente) é crucial. Esse outro oferece *feedback*, orientação e contextos que ajudam o aluno a atribuir significados aos objetos de conhecimento. A linguagem é uma ferramenta essencial na mediação pedagógica, permitindo que os conceitos sejam transmitidos e compreendidos. É a partir da linguagem que os alunos podem expressar e refletir sobre suas ideias, o que facilita a formação de conceitos e o desenvolvimento do pensamento. A capacidade de formar conceitos e de desenvolver processos intelectuais superiores está intimamente ligada ao uso da linguagem. Por meio da comunicação e do diálogo, os alunos podem explorar e entender diferentes significados e perspectivas.

A construção do conhecimento não é apenas um processo individual, mas também social. A interação com outros e a mediação por meio da linguagem permitem que os alunos compreendam e internalizem conceitos de maneira mais profunda e significativa. O desenvolvimento da capacidade de formar conceitos é um aspecto fundamental da aprendizagem. A mediação social e a linguagem ajudam os alunos a criarem e refinarem seus entendimentos, promovendo um desenvolvimento cognitivo mais eficaz. A visão de Vygotsky contrasta com a perspectiva de outros teóricos, como Piaget, que viam o desenvolvimento cognitivo e linguístico como processos mais separados. Vygotsky enfatiza o papel social e cultural da linguagem no desenvolvimento cognitivo, destacando como a interação social e a comunicação são cruciais para o desenvolvimento mental. Para Vygotsky:

> O significado da palavra é, ao mesmo tempo, um fenômeno de discurso e intelectual [...]. O significado da palavra só é um fenômeno de pensamento na medida em que o pensamento está relacionado à palavra e nela materializado, e vice-versa: é um fenômeno de discurso apenas na medida em que o discurso está vinculado ao pensamento e focalizado por sua luz. É um fenômeno do pensamento discursivo ou da palavra consciente, é a unidade da palavra com o pensamento (Vygotsky, 2009, p. 398).

Partindo do princípio em que ao longo do processo de desenvolvimento do indivíduo, os significados das palavras se desenvolvem, transformam-se e se modificam. Vygotsky estabelece a diferença entre o significado e o sentido da palavra:

> O sentido de uma palavra é a soma de todos os fatos psicológicos que ela desperta em nossa consciência. Assim, o sentido é sempre uma formação dinâmica, fluida, complexa, que tem várias zonas de estabilidade variada. [...] Como se sabe, em contextos diferentes a palavra muda facilmente de sentido. [...] O sentido real de cada palavra é determinado, no fim das contas, por toda a riqueza dos momentos existentes na consciência e relacionados àquilo que está expresso por uma determinada palavra (Vygotsky, 2009, p. 465-466).

O significado refere-se ao conteúdo semântico estável e convencional de uma palavra, ou seja, o que uma palavra representa de maneira objetiva dentro de uma língua. É o aspecto mais social e compartilhado da linguagem, compreendido e aceito por uma comunidade linguística. Por exemplo, o significado da palavra "igreja" é uma construção destinada a servir de encontros para culto e louvor para as pessoas, está voltada para a religião. Já o sentido da palavra, por outro lado, é mais subjetivo e pessoal, referindo-se às associações e experiências individuais que uma pessoa liga a uma palavra em um contexto específico. O sentido é dinâmico e pode variar de acordo com o contexto situacional e emocional. Por exemplo, a mesma palavra "igreja" pode evocar sentimentos de religiosidade, as memórias de alegria, de gratidão por uma graça alcançada, ou até mesmo de tristeza, dependendo das experiências e emoções de cada um.

Para exemplificar a distinção entre esses dois conceitos, imagine duas pessoas falando sobre "escola". Ambas compreendem o significado convencional de "escola" como uma instituição de ensino. No entanto, para uma pessoa, "escola" pode ter um sentido de nostalgia e alegria, lembrando bons tempos passados, enquanto para outra pode ter um sentido de ansiedade, desconforto e tristeza devido a experiências negativas e traumáticas vividas no ambiente escolar.

Vygotsky considera essa distinção crucial porque ela ilustra como a linguagem serve não apenas para comunicação, mas também para o desenvolvimento do pensamento e da consciência. O significado de uma palavra é essencial para a comunicação eficaz dentro de uma sociedade, enquanto o sentido pessoal da palavra influencia o modo como os indivíduos percebem e interagem com o mundo ao seu redor.

Dessa forma, Vygotsky (1989) estudou o papel da linguagem na formação da consciência. A partir daí ele propõe uma diferenciação entre sentido e significado. Um outro exemplo, se imaginamos a palavra "carro", todos nós sabemos o significado dessa palavra. Porém, ao ouvi-la posso me lembrar do carrinho de polícia que brincava quando criança, ou até do carrinho de rolimã que embalava as corridas de competição entre os colegas. Assim, a partir de uma mesma palavra, conseguimos atribuir um sentido distinto a ela e consequentemente o seu significado mediante a interseção de vários sentidos.

Vygotsky (1989) estudou o papel da linguagem na formação da consciência. Na interação com o meio e com as outras pessoas, também temos a oportunidade de mudar os sentidos que atribuímos às coisas. Isso é interessante se pensarmos nos modelos de formação de professores em colaboração, pois, na interação, os sentidos podem se modificar, novas construções e novos conhecimentos podem tomar lugar, bem como indivíduos com qualidades novas.

Vygotsky estudou a linguagem como instrumento de intervenção social na organização e no desenvolvimento do pensamento. Destacamos também a importância da filosofia como fonte para o conhecimento científico e humanístico. Podemos compreender alguns fatores históricos que influenciam na cultura do homem inserido em sociedade, e nos questionar sobre qual a relação do homem com a cultura e suas funções superiores. Verificamos que no estudo sobre a evolução humana não existe a exclusão do homem com relação às suas leis biológicas, porém os fatores hereditários não determinam o desenvolvimento histórico da sociedade. A ideia de que a formação da consciência e o desenvolvimento intelectual ocorrem de fora para dentro por meio da internalização não deve ser confundida com uma visão passiva do sujeito do conhecimento. Em vez disso, a internalização, segundo Vygotsky e os estudiosos influenciados por ele, é um processo ativo e transformador. É importante ressaltar alguns pontos cruciais:

- **Processo Ativo de Transformação:** Na visão de Vygotsky, a internalização não é uma simples absorção passiva de conteúdos culturais e sociais. Em vez disso, é um processo ativo de transformação e reorganização interna. O sujeito não apenas recebe e armazena informações, mas também as reinterpreta, adapta e modifica conforme sua própria compreensão e experiência.

- **Reorganização Individual:** a internalização envolve uma reorganização individual dos conteúdos culturais e dos instrumentos fornecidos pela cultura. Isso significa que o sujeito do conhecimento não apenas reproduz os conceitos e práticas sociais, mas também os reestrutura de maneira a se ajustar a suas próprias necessidades e contextos.

- **Interatividade e Criticidade:** o sujeito do conhecimento interage de maneira crítica com os conteúdos e signos que encontra. Ele não aceita passivamente o que é fornecido pela cultura, mas examina, questiona e reformula esses conteúdos em função de sua própria experiência e reflexão.

A internalização é um processo complexo e dinâmico que envolve a transformação ativa dos conteúdos culturais e sociais pelo sujeito, e não uma mera recepção passiva desses conteúdos. Essa abordagem enfatiza a importância da interação e da crítica na construção do conhecimento, conforme proposto por Vygotsky e seus seguidores.

Os fatores biológicos depois de uma certa data evolutiva passam a não ser mais determinantes deixando a parte biológica tanto quanto subordinada às influências históricas sociais. Essa postura permite entender que nós não nascemos com essas funções psicológicas superiores, mas sim o que desenvolvemos. Vygotsky afirmava que a partir dos olhares, dos gestos, e do aspecto entonacional, era possível extrair de uma única palavra inúmeros pensamentos e reflexões (Vygotsky, 1984).

Em uma simples conversa, todos esses aspectos, como um simples olhar, podem sugerir entre os sujeitos envolvidos algumas dúvidas, certezas, surpresas, indignações e discordâncias. Nas reuniões do componente de estágio curricular o professor poderá observar a importância da linguagem por meio do diálogo aliado a essas características citadas. Consideramos uma ferramenta de investigação para compreendermos como os licenciandos dos diferentes cursos de licenciatura reelaboram diferentes conceitos mediante um questionamento ou uma dúvida. Assim damos sentido às palavras pelos indivíduos do grupo de estudo.

Devemos então pensar no homem como um ser em constante progressão social, que visa uma construção coletiva, resultante em ter a sua vida em sociedade. "O aparecimento do tipo do homem atual – o *Homo sapiens*" traz consigo toda uma história de desenvolvimento em que podemos entender que a cada geração humana, a criança chega ao mundo e começa sua vida a partir de um mundo de objetos já criados por gerações anteriores. A criação de uma cultura a cada geração permite-nos incluir nesse contexto social, e ainda adquirir uma cultura pré-existente que está em constante desenvolvimento.

Podemos descrever, como exemplo, uma orquestra sendo o conjunto dos instrumentos musicais quando bem coordenados pelos músicos, tem um ritmo e um som característico e harmônico. Assim podemos relacionar os estudos de Vygotsky em que o conjunto forma um todo, cada sujeito sendo uma peça importante na sua individualidade, e sendo uma peça importante no formando de um todo.

Dessa forma, podemos pensar: como se desenvolvem as funções psíquicas? Abordando essa questão, Vygotsky nos faz pensar no estudo das funções psíquicas superiores, que para realizarmos as ações precisamos de instrumentos, sendo contrário aos estudos das funções psíquicas isoladamente. As funções psíquicas superiores não podem ser vistas somente com o olhar da origem biológica, elas têm origem também no papel social. Assim não podemos dizer que "filho de peixe peixinho é", porque o processo não é genético e sim cultural. Os seres mais complexos permitem entender os seres menos complexos. Esse estudo faz referência à superação e não à negação, uma prova é que com relação ao macaco o homem possui uma anatomia mais complexa, permitindo entender melhor a anatomia do macaco.

Vygotsky diferenciou entre funções psíquicas elementares (inatas, como percepção e atenção) e superiores (desenvolvidas culturalmente, como pensamento abstrato e planejamento). As funções superiores emergem a partir da interação social e da internalização de práticas culturais. Assim, a afirmação de que "os seres mais complexos permitem entender os seres menos complexos" sugere que ao estudar organismos mais complexos, podemos obter *insights* que nos ajudam a entender organismos menos complexos. Isso é baseado na ideia de que a complexidade maior inclui e expande sobre os sistemas mais simples, permitindo uma perspectiva mais abrangente.

Retomando o exemplo na anatomia comparativa, ao estudar a anatomia humana, que é considerada mais complexa, podemos aplicar esse conhecimento para entender a anatomia de outros primatas, como os macacos. A complexidade do corpo humano pode revelar princípios gerais que também se aplicam a estruturas anatômicas mais simples encontradas em macacos.

Essa abordagem de "superação e não negação" implica que o conhecimento dos organismos mais complexos não invalida ou descarta o entendimento dos organismos mais simples, mas sim os complementa e os enriquece. Portanto, ao compreender a complexidade humana, podemos traçar paralelos e reconhecer padrões em organismos menos complexos, facilitando um entendimento mais profundo da biologia como um todo.

CAPÍTULO 3

LEONTIEV

3.1 A. N. Leontiev

Alexei Nikolaevich Leontiev foi um psicólogo russo e um dos principais discípulos e colaboradores de Lev Vygotsky. Nascido em 1903 e falecido em 1979, Leontiev é conhecido por seu trabalho na teoria da atividade, que se tornou uma importante abordagem na psicologia soviética e internacional. As contribuições de Leontiev são amplamente reconhecidas na psicologia e na educação, especialmente no campo da psicologia do desenvolvimento e da aprendizagem. Sua teoria da atividade continua a ser uma ferramenta valiosa para entender como as pessoas aprendem e se desenvolvem por meio de suas interações com o mundo ao seu redor. A biografia e o trabalho de Alexei Nikolaevich Leontiev são realmente fascinantes e muito influentes. Seu desenvolvimento da teoria da atividade oferece uma visão profunda sobre como as atividades humanas moldam e são moldadas pelo desenvolvimento cognitivo e social.

Leontiev escreveu inúmeras obras de relevância, como: *A Formação da Psique* (1947) – um trabalho seminal que introduz a teoria da atividade e examina como a psique humana se desenvolve mediante a atividade prática e a interação com o meio. *Problemas de Psicologia do Desenvolvimento* (1961) – Leontiev explora aqui a psicologia do desenvolvimento humano e a influência das atividades sociais e culturais no desenvolvimento psicológico. *A Atividade Psíquica e o Desenvolvimento do Homem* (1978) – essa obra revisita e expande suas ideias sobre a relação entre atividade, consciência e desenvolvimento, destacando como as atividades humanas influenciam o desenvolvimento psicológico. *O Desenvolvimento do Psiquismo* (1978) – uma continuação da exploração da psicologia do desenvolvimento, enfatizando a importância da atividade prática e da mediação cultural na formação do psiquismo humano. *Psicologia do Desenvolvimento* (1979) – publicado após sua morte, esse trabalho reúne e sistematiza muitos de seus pensamentos sobre a psicologia do desenvolvimento e a teoria da atividade.

Essas obras são fundamentais para compreender a teoria da atividade e suas implicações na psicologia e na educação, refletindo a profunda influência de Leontiev no campo da psicologia soviética e internacional e na educação.

Segundo Davidov (1988, p. 27),

> La categoría filosófica de actividad es la abstracción teórica de toda la práctica humana universal, que tiene un carácter histórico social. La forma inicial de actividad de las personas es la práctica histórico social del género humano, es decir, la actividad laboral colectiva, adecuada, sensorio-objetal, transformadora, de las personas. En la actividad se pone al descubierto la universalidad del sujeto humano.

Partindo desse pressuposto básico do materialismo histórico-dialético, os psicólogos soviéticos elegem o conceito de atividade como um dos princípios centrais ao estudo do desenvolvimento do psiquismo. Vigotski utiliza o conceito de atividade já em seus primeiros escritos e sugere que a atividade socialmente significativa é o princípio explicativo da consciência, ou seja, a consciência é construída de fora para dentro por meio das relações sociais, vamos abordar ainda neste livro os conceitos e descobertas feitas por Vygotsky no Capítulo 4. Consciência e atividade são, assim, dois elementos fundamentais à psicologia histórico-cultural e devem ser entendidos como unidade dialética:

> Ante los psicólogos se plantea un problema fundamental: encontrar de qué manera la dialéctica universal del mundo se convierte en patrimonio de la actividad de los individuos, cómo éstos se apropian de las leyes universales del desarrollo de todas las formas de la práctica social y de la cultura espiritual. (Davidov, 1988, p. 23).

Foi Leontiev quem sistematizou o conceito de atividade, fundando a teoria psicológica geral da atividade. Esse conceito desempenha as funções de princípio explicativo dos processos psicológicos superiores e de objeto de investigação:

> El análisis de la actividad constituye el punto decisivo y el método principal del conocimiento científico del reflejo psíquico, de la conciencia. En el estudio de las for, mas de la conciencia social está el análisis de la vida cotidiana de la sociedad, de las formas de producción propias de esta y del sistema de relaciones sociales; en el estudio de la psiquis individual está el análisis de la actividad de los individuos en las condiciones sociales dadas y en las circunstancias concretas que les ha tocado en suerte a cada uno de ellos (Leontiev, 1983, p. 17).

A atividade humana é objeto da psicologia, mas não como uma parte aditiva da constituição da subjetividade; ao contrário, é a unidade central da vida do sujeito concreto, é "o sopro vital do sujeito corpóreo" (Leontiev, 1983, p. 75).

Segundo Becker (1997), o professor geralmente não fundamenta a sua prática criticamente, sendo sujeito de uma epistemologia inconsciente. Não temos o hábito de teorizar nossos pensamentos e ações que poderiam auxiliar no reconhecimento da epistemologia envolvida na nossa prática profissional. As relações interativas e dialógicas possibilitam provocar discussões sobre a prática da sala de aula. É por meio do diálogo que nós reconhecemos, entendemos e nos constituímos e é com essa perspectiva que defendemos a importância em se estudar um grupo de professores que interage na intenção de conhecer melhor sua própria prática por meio do olhar e do discurso do outro (Abreu *et al.*, 2011). No decorrer da história, os homens construíram infindáveis objetos para satisfazerem suas necessidades. Ao fazê-lo, produziram não só objetos, mas também novas necessidades e, com isso, novas atividades. Superaram as necessidades biológicas, características do reino animal, e construíram a humanidade, reino das necessidades espirituais, humano-genéricas. Analisar, portanto, as necessidades humanas requer compreendê-las em sua construção histórica. Dessa forma, Leontiev (1978) estudou a relação entre a estrutura da consciência do homem e a estrutura da atividade que este desenvolve. A Teoria da Atividade proposta por esse autor nos faz refletir sobre a intencionalidade do processo educativo. É o professor quem concretiza os objetivos sociais objetivados no currículo escolar, organizando o ensino: define ações, seleciona instrumentos e avalia o processo.

3.2 A Ação e Atividade

Leontiev (1978) se propôs a estudar como a estrutura da consciência do homem se transforma de forma interdependente com a estrutura da atividade que desenvolve.

Para Leontiev, a atividade humana é considerada a unidade básica para a compreensão do psiquismo. Ele argumenta que é por meio da atividade prática, que ocorre dentro do contexto do modo de produção, que se pode entender como as funções psicológicas superiores se desenvolvem e se manifestam. A abordagem de Leontiev está enraizada na teoria histórico-cultural de Vygotsky, mas ele expande essa perspectiva ao enfatizar a importância da atividade prática e concreta na formação da consciência e dos processos psicológicos. A atividade é vista como o elo entre o indivíduo e a sociedade, mediatizada por instrumentos e signos, o que torna possível a internalização de práticas sociais e culturais.

As relações entre o sujeito e o objeto, entre estímulo e resposta, estão mediadas pela atividade e dependem das condições, dos objetivos e dos meios. A primeira condição de toda atividade é uma necessidade. E a atividade humana tem como característica principal seu caráter, que deve ser entendido em forma relacional a um objeto que, seja real ou realizável, torna-se motor da ação de um sujeito. Por exemplo, se o indivíduo está com sede e a necessidade é saciar a sede, ele só poderá entrar em atividade se o objeto água estiver disponível.

É conhecido o exemplo da caçada que Leontiev usa para ilustrar o conceito de atividade. Imagine que os homens primitivos tivessem fome; a necessidade, então, seria saciar a fome. A partir do momento que o objeto *mamute* se torna disponível, é possível entrar em atividade, ou seja, torna-se possível articular ações, objetivos e operações em razão de saciar o problema coletivo que é a fome.

Observamos que o motivo é o que impulsiona uma atividade, pois articula uma necessidade a um objeto. Assim, podemos entender que as atividades humanas diferem por diversas razões: vias de realização, tensão emocional, formas etc., mas o fundamental que distingue uma atividade de outra é seu objeto, isto é, "o objeto da atividade é seu motivo real" (Leontiev, 1983, p. 83). Uma necessidade só pode ser satisfeita quando encontra um objeto; a isso chamamos de motivo. O motivo é o que impulsiona uma atividade, pois articula uma necessidade a um objeto. Objetos e necessidades isolados não produzem atividades, a atividade só existe se há um motivo:

> A primeira condição de toda a actividade é uma necessidade. Todavia, em si, a necessidade não pode determinar a orientação concreta de uma actividade, pois é apenas no objecto da actividade que ela encontra sua determinação: deve, por assim dizer, encontrar-se nele. Uma vez que a necessidade encontra a sua determinação no objecto (se "objectiva" nele), o dito objecto torna-se motivo da actividade, aquilo que o estimula (Leontiev, 1978, p. 107-108).

Necessidade, objeto e motivo são componentes estruturais da atividade. Esta não pode existir senão pelas ações. No caso da caçada, os homens no grupo terão diferentes funções e ações, de acordo com suas habilidades e preferências. Porém, todas as ações estão vinculadas à necessidade mobilizadora (saciar a fome). As ações apresentam, além do aspecto intencional, o aspecto operacional, isto é, a forma como se realizam as operações. Poderíamos dizer que a atividade é constituída a partir de um motivo desencadeador das ações concretizadas por meio de operações, que dependerão das condições objetivas oferecidas pelo ambiente no qual a atividade se realiza. Assim, de acordo com o exemplo da Caçada temos:

- **Necessidade:** os homens primitivos têm fome.

- **Motivo:** a necessidade de saciar a fome motiva a caçada.

- **Objeto:** o mamute é o objeto que pode satisfazer a necessidade de alimento.

- **Ações:** rastrear, cercar, atacar e abater o mamute são ações com objetivos específicos.

- **Operações:** uso de ferramentas, técnicas de caça e cooperação entre os caçadores são as operações realizadas.

A atividade só pode ocorrer se o objeto necessário estiver disponível. Sem o mamute, os homens primitivos não poderiam realizar as ações para saciar a fome. Da mesma forma, sem água, uma pessoa com sede não pode realizar a atividade de beber para saciar sua sede.

Leontiev também enfatiza a dimensão coletiva das atividades humanas. A caçada é uma atividade coletiva em que a cooperação e a coordenação entre os indivíduos são essenciais para alcançar o objetivo comum de saciar a fome. Isso reflete a importância das interações sociais e da colaboração no desenvolvimento humano, um ponto central tanto para Leontiev quanto para Vygotsky. Essa estrutura da atividade de Leontiev é um modelo poderoso para entender como as necessidades humanas impulsionam ações e como essas ações são organizadas em atividades complexas por meio de objetivos e operações específicos, sempre dentro de um contexto social e cultural.

Trazendo a teoria desses conceitos para este livro, devemos lembrar que toda atividade se desenvolve a partir de uma necessidade. O objeto é o conteúdo da atividade, e diferencia uma atividade da outra. Assim a necessidade, a atividade e o motivo têm que andar juntos, e a atividade somente se realiza quando esses três componentes se unem. Sabemos que o motivo nasce da necessidade, e o objeto direciona a atividade. Existe uma diferença dos termos tratados pelo autor que identifica a ação e a atividade.

Segundo Leontiev (1978, 1983), a necessidade se materializa no objeto, tornando-o o motivo da atividade, ele se dá na atividade de aprendizagem. Porém, podemos definir como ação toda situação em que o motivo, aquele que move o sujeito, não coincide com o objeto e o conteúdo. Já a atividade é quando o motivo e o objeto precisam coincidir com um conjunto de ações articuladas com um objetivo comum. Porém, estudar as ações separadamente das atividades não é uma boa alternativa, uma vez que as ações podem transformar-se em atividades e estas em ações. Essas operações quando bem definidas resultam em um produto.

Os componentes da atividade podem adquirir diferentes funções, pois estão em constante processo de transformação. Uma atividade pode tornar-se ação quando perde seu motivo originário, ou uma ação transformar-se em atividade na medida em que ganha um motivo próprio, ou ainda uma ação pode tornar-se operação e vice-versa. A relação entre a significação social, o sentido pessoal e o conteúdo sensível, emocional, é o principal componente da estrutura interna da consciência. As significações são a cristalização da experiência humana, representam as formas como o homem apropria-se da experiência humana generalizada (Leontiev, 1978, p. 94).

Vamos contextualizar?

Nas sociedades primitivas, a alimentação era um ato natural e representava unicamente um papel de natureza nutricional. O Homem não produzia os alimentos, ou seja, dependia do que caçava e daquilo que recolhia da natureza. Mesmo assim, as técnicas de aproveitamento do território, como a caça e a coleta, já se mostravam reveladoras da produção de um saber e de um conhecimento acerca do comestível, partilhado e acumulado entre grupos. Com a descoberta do fogo, no Paleolítico Médio, dá-se o primeiro grande avanço tecnológico. No contexto específico da alimentação, o fogo permitiu ao Homem passar dos alimentos crus para os alimentos cozinhados. A modificação do cru para o cozido foi interpretada por Lévi-Strauss como o processo de passagem do homem da condição biológica para a social.

O início da atividade agrícola marcou o fim do Paleolítico e significou um momento de ruptura na história do Homem, que veio dar origem à sedentarização e ao afastamento do Homem da natureza e do seu estado selvagem. Há, no entanto, em pleno Séc. XXI, povos que ainda vivem em estado primitivo. Em *Génesis*, o mais recente trabalho de Sebastião Salgado, o fotógrafo refere que quase metade da superfície terrestre ainda está como no "Primeiro Dia". Por meio da sua câmara, Salgado dá-nos um registo em que o Homem não rompeu por completo com as relações primordiais com a natureza e que pode participar da sua grandiosidade sem a destruir.

Figura 1 – Bosquímanos do Deserto do Kalahari, Botswana

Fonte: Sebastião Salgado 20" × 24" prata e gelatina, 2008

A figura supra retrata a obra "Bosquímanos do Deserto do Kalahari, Botswana, 2008", de Sebastião Salgado. É uma fotografia em preto e branco que captura a vida dos bosquímanos, um grupo indígena que habita o Deserto do Kalahari em Botswana. Sebastião Salgado, um renomado fotógrafo brasileiro, é conhecido por suas imagens que documentam a condição humana, muitas vezes focando em comunidades tradicionais e questões de justiça social. A fotografia é parte do trabalho de Salgado, que busca não apenas registrar a beleza visual, mas também chamar a atenção para as questões sociais e culturais que envolvem esses povos. Em suas imagens, Salgado captura a essência da vida e da sobrevivência em um dos ambientes mais inóspitos do mundo, mostrando a dignidade, a resiliência e a profunda conexão dos bosquímanos com a natureza.

A relação entre a imagem dos Bosquímanos do Deserto do Kalahari, capturada por Sebastião Salgado, e os conceitos de "Ação" e "Atividade", de Leontiev, pode ser explorada por meio da análise do comportamento humano em interação com o ambiente, algo central na Teoria da Atividade de Leontiev. Para Leontiev, a "Atividade" é o processo pelo qual os seres humanos interagem com o mundo para satisfazer suas necessidades. A atividade é orientada por um motivo, que é a necessidade ou o desejo que impulsiona a ação. Os Bosquímanos, vivendo em um ambiente desafiador como o Deserto do Kalahari, desenvolvem atividades específicas para sobreviver, como a caça, coleta de alimentos e a busca por água. Essas atividades são impulsionadas pela necessidade básica de sobrevivência, que é o motivo subjacente. Dentro da atividade de sobrevivência, as ações dos Bosquímanos podem incluir técnicas de caça específicas, métodos de coleta de água, ou a construção de abrigos. Cada uma dessas ações tem um objetivo claro, como capturar um animal para alimentação ou encontrar água para beber.

As práticas culturais dos Bosquímanos, que são capturadas na imagem, representam formas de mediação cultural que eles desenvolveram ao longo de gerações para se adaptar ao deserto. Isso inclui o conhecimento tradicional transmitido sobre como encontrar água ou rastrear animais, que são formas de mediação cultural. Na educação, os conceitos de Leontiev podem ser usados para entender como os alunos, em diferentes contextos culturais e ambientais, engajam-se em atividades que são mediadas por suas próprias culturas e necessidades. Assim como os Bosquímanos utilizam práticas tradicionais para sobreviver no deserto, os alunos podem utilizar diferentes estratégias mediadas culturalmente para aprender e interagir com o conhecimento. Assim, para o docente o significado do seu trabalho é formado pela finalidade da ação de ensinar, isto é, pelo seu objetivo, e pelo conteúdo concreto efetivado mediante as operações realizadas conscientemente pelo professor, considerando as condições reais, objetivas, na condução do processo de apropriação do conhecimento do aluno.

3.3 A Teoria da Atividade de A. N. Leontiev

A teoria da atividade surgiu num contexto social, político e ideológico que lutava pela construção do socialismo, existindo uma necessidade de superação do capitalismo. Essa teoria mostra que o indivíduo será mais desenvolvido psicologicamente quando ele for capaz de conduzir de forma racional e livre seus processos psicológicos por meio da incorporação da sua atividade mental a partir da experiência humana sintetizada na cultura. Assim, ela pode ser considerada como um desdobramento do esforço para a construção de uma psicologia sócio-histórico-cultural fundamentada na filosofia marxista. Foi por meio de estudos no campo da psicologia que Vygotsky e Leontiev criaram a teoria da atividade.

A teoria da atividade é fundamental para entender como o ensino pode se tornar mais significativo. Ela enfoca a importância das interações e das práticas sociais na construção do conhecimento. Assim, a aprendizagem não ocorre de forma isolada, mas sim em contextos de atividade prática e social.

Vygotsky, em seus primeiros escritos, utilizou o conceito de atividade e sugeriu que o princípio explicativo da consciência por meio das relações sociais é a atividade socialmente significativa. Já Leontiev (1978) se propôs a estudar como a estrutura da consciência do homem se transforma de forma interdependente com a estrutura da atividade que desenvolve. Entretanto, para produzir um instrumento verdadeiramente eficaz, os seres humanos realizam várias tentativas de modificação do pensamento, por meio da revisão das suas ideias e da ação modificadora da realidade. Podemos fazer um paralelo com as reuniões que devem ser feitas pelo professor ou preceptor de estágio nos cursos de licenciatura para formação de professores. Nelas os diálogos são fundamentais como forma de revisar os conceitos que serão ensinados para os alunos de ensino médio.

Podemos também pensar em uma criança e no seu processo de desenvolvimento. Sendo importante que a criança tenha contato com seres mais desenvolvidos do que ela para que ela possa se apropriar da linguagem e do seu desenvolvimento.

Sforni (2004), em seus estudos sobre a teoria da atividade, afirma que o desenvolvimento psíquico da criança é desencadeado quando esta passa a participar de uma atividade coletiva que lhe traz novas necessidades e exige dela novos modos de ação, indicando que:

> Pode-se inferir que o desenvolvimento psíquico da criança não é necessariamente desencadeado quando ela é formalmente ensinada ou fica estanque quando não é ensinada por um indivíduo em particular, mas quando passa a participar de uma atividade coletiva que lhe traz novas necessidades e exige dela novos modos de ação. É a sua inserção nessa atividade que abre a possibilidade de ocorrer um ensino realmente significativo (Sforni, 2004, p. 95).

É a participação na atividade que possibilita um ensino significativo. Desse modo, a teoria da atividade nos faz refletir sobre a intencionalidade do processo educativo.

Leontiev (1978, 1983) definiu o conceito de atividade e como este pode fundamentar a organização do ensino. Por meio dos processos de formação das funções psíquicas superiores pela relação mediada do sujeito com os objetos, abordaremos a atividade de ensino como um modo de realização da educação escolar. O processo educativo escolar deve ser constituído por atividades para o aluno e professor, sendo que a atividade do aluno é de aprender e a do professor é de ensinar (Leontiev, 1978, 1983). Ao indicar uma necessidade (apropriação da cultura), um motivo real (apropriação do conhecimento historicamente acumulado) e objetivos (ensinar e aprender), a atividade orientadora de ensino (Moura, 1996) mantém essa estrutura da atividade proposta por Leontiev. Para o autor o estudante e o professor podem transformar o seu motivo em objetivo e realizar a atividade.

Alexei Leontiev, durante os estudos sobre a teoria da atividade, fez contribuições significativas para a compreensão de como a atividade humana pode fundamentar a organização do ensino. Em seus trabalhos de 1978 e 1983, Leontiev expandiu e refinou a teoria da atividade desenvolvida por Vygotsky.

Leontiev diferenciou três níveis de atividade:

- **Atividade:** refere-se ao nível mais amplo, ao qual os objetivos e as motivações dos indivíduos estão diretamente ligados. A atividade é orientada por objetivos e é a unidade fundamental de análise. No contexto educacional, isso pode ser visto como o objetivo geral da aprendizagem e as metas que os alunos tentam alcançar.

- **Ação:** é o nível intermediário e se refere a atividades específicas e dirigidas que são realizadas para atingir um objetivo. Cada ação possui um propósito específico e é organizada para alcançar um resultado particular. No ensino, isso se relaciona às tarefas ou às atividades específicas que os alunos realizam como parte do processo de aprendizagem.

- **Operação:** refere-se aos aspectos mais básicos e concretos das atividades que são realizadas automaticamente ou de maneira habitual, sem a necessidade de atenção constante. No contexto educacional, isso pode incluir habilidades básicas e procedimentos que os alunos aprendem e praticam para automatizar certas tarefas.

Leontiev argumentou que a organização do ensino deve levar em consideração esses três níveis para ser eficaz. O ensino deve:

- **Definir claramente os objetivos e propósitos (atividade):** isso ajuda a garantir que o aprendizado seja significativo e direcionado para objetivos claros e relevantes.

- **Desenvolver e estruturar ações específicas (ações):** os professores devem criar atividades e tarefas que permitam aos alunos alcançarem esses objetivos de forma eficaz.

- **Incorporar a prática e a repetição (operações):** a prática de habilidades e procedimentos ajuda os alunos a automatizarem e internalizarem o conhecimento.

Assim, a teoria da atividade de Leontiev oferece uma estrutura para organizar o ensino que alinha os objetivos gerais com atividades e práticas específicas, promovendo uma aprendizagem mais integrada e eficaz.

Podemos trazer esse conceito de atividade proposto por Leontiev para dentro do contexto e do ambiente em que a criança vive. O desenvolvimento na escola e a educação escolar podem ser considerados o melhor método de aprendizado para o sucesso. A escola é uma via importante pela qual a criança experimenta um conjunto de vivências distintas do contexto do cotidiano, e que possibilita se apropriar do conhecimento científico. Os processos de adaptação e resistência são importantes, mas não podem ser princípios da educação. Leontiev descarta as concepções biológicas que explicavam todas as diferenças culturas, econômicas e educacionais, fundamentadas no processo de hereditariedade.

Trazendo essa visão para o que presenciamos nos processos de aprendizagem, atualmente podemos dizer que muito do ensino contemporâneo se limita em uma educação reprodutiva e não transformadora do ser.

Há de haver a participação de alguém, ou de um instrumento, ou por meio de uma música no processo de aprendizagem da criança. Assim, pode-se relacionar um saber que já se faz presente em algo, dando atenção a uma aprendizagem preexistente. Nesse processo de aprendizagem as crianças devem participar de atividades, em grupos por meio de uma boa relação com os colegas e com o professor. A criança em contato com o adulto aprendera a falar, a identificar, a gesticular, a andar, enfim, aprendera com a presença de um facilitador que promove o aprendizado. Ao contrário de uma criança criada fora do contato com seus pais, que não desenvolvera a fala, a escrita, pois falta a interação dos pais com os filhos.

Chassot (1993) considera a ciência como uma linguagem e afirma que: "A ciência é uma linguagem para facilitar nossa leitura do mundo natural" (Chassot, 1993, p. 37), e sabê-la como descrição do mundo natural ajuda a entendermos a nós mesmos e o ambiente que nos cerca.

Sempre parece oportuno ter presente as afirmações de Granger:

> A ciência é uma das mais extraordinárias criações do homem, que lhe confere, ao mesmo tempo, poderes e satisfação intelectual, até pela estética que suas explicações lhe proporcionam. No entanto, ela não é lugar de certezas e [...] nossos conhecimentos científicos são necessariamente parciais e relativos (Granger, 1994, p. 113).

A linguagem promove a educação por meio da leitura sendo um processo de transformação e transmissão da cultura de uma geração a partir do contato com outros indivíduos (Leontiev, 1988). Porém a escola é a instituição criada para desenvolver o conhecimento do homem mediante os processos apropriados, assim, a escola pode ensinar para o desenvolvimento. Segundo Leontiev, a prática é conceitual, quando a criança domina o conceito e aprende a agir conceitualmente. Leontiev afirma que o desenvolvimento do homem se produz especificamente sobre a forma de apropriação, portanto o desenvolvimento se dá com a atividade. É pela atividade que o homem se humaniza, e se desenvolve pela educação escolarizada. Para o homem a origem das atividades psíquicas situa-se no processo de interiorização da atividade externa transformando-se em atividade interna.

A passagem do externo para o interno dá lugar a uma forma específica de reflexo psíquico da realidade: a consciência. Leontiev define a consciência como conhecimento partilhado, como uma realização social. A consciência individual só pode existir a partir de uma consciência social que tem na língua seu substrato real. Para a psicologia soviética, as categorias consciência e atividade formam uma unidade dialética. Assim, em seu livro *Atividade, consciência e personalidade*, Leontiev (1978) descreve a consciência:

O estudo da consciência requer estudar as relações vitais dos homens, as formas como estes produziram e produzem sua existência por meio de suas atividades, ou seja, requer "estudar como a estrutura da consciência do homem se transforma com a estrutura da sua atividade" (Leontiev, 1978, p. 92).

A consciência é o produto subjetivo da atividade dos homens com os outros homens e com os objetos; assim, a atividade constitui a substância da consciência, e para estudá-la é necessário investigar as particularidades da atividade, ou seja, "consiste, portanto, em encontrar a estrutura da atividade humana engendrada por condições históricas concretas, depois, a partir desta estrutura, pôr em evidência as particularidades psicológicas da estrutura da consciência dos homens" (Leontiev, 1978, p. 100).

Leontiev destacou a importância da consciência como um fenômeno social e não apenas individual. Ele argumentou que a consciência não é apenas uma experiência interna isolada, mas sim um reflexo social e cultural da realidade.

Para Leontiev, a consciência emerge a partir da interação com o ambiente social e é formada pela internalização das práticas e significados culturais. Em outras palavras, a consciência se desenvolve à medida que os indivíduos participam de atividades sociais e culturais e assimilam o conhecimento compartilhado dentro de uma comunidade. Isso significa que a consciência é uma construção social que reflete as práticas, valores e significados compartilhados por um grupo.

Essa perspectiva reflete a ideia de que a aprendizagem e o desenvolvimento cognitivo são processos sociais e culturais. A consciência, portanto, é uma forma de conhecimento que não apenas surge do interior do indivíduo, mas também é moldada e influenciada pelas interações e experiências sociais. Essa abordagem destaca a importância do contexto social e cultural na formação do pensamento e da percepção, alinhando-se com a visão de que a aprendizagem e a consciência são profundamente enraizadas na experiência social e na prática cultural.

Segundo Leontiev, o conceito de Atividade envolve "aqueles processos que, realizando as relações do homem com o mundo, satisfazem uma necessidade especial correspondente a ele" (Leontiev, 2001, p. 68). A tradução para o alemão de atividade é *tagitkeit* e para o russo é *deyatel'nost*, sendo entendido segundo Tolman (1988) como:

> Um conceito que conota a função do indivíduo em sua interação com o que o cerca. A Atividade psíquica é uma relação específica de um corpo vivo com o ambiente, media, regula, e controla as relações entre o organismo e o ambiente. A atividade psíquica é impelida por uma necessidade [...] (Tolman, 1988, p. 16).

Entretanto, o conceito de atividade para Leontiev é fundamental para entender como os seres humanos interagem com o mundo e satisfazem suas necessidades. Ele define atividade como um processo dinâmico e orientado por objetivos que envolvem a realização de relações entre o ser humano e o ambiente.

Essa definição de atividade se baseia em alguns princípios-chave:

- **Objetivo**: a atividade é sempre orientada para um objetivo específico, que é o que motiva o indivíduo a agir. Esse objetivo está relacionado à satisfação de necessidades ou à resolução de problemas.

- **Necessidade**: as atividades surgem para satisfazer necessidades humanas. Essas necessidades podem ser físicas, sociais, culturais ou psicológicas. Assim, as atividades são dirigidas para atender a essas necessidades e proporcionar uma mudança ou um resultado desejado.

- **Relações:** atividades envolvem interações entre o indivíduo e o mundo. Isso inclui a utilização de ferramentas, a colaboração com outros indivíduos e a adaptação ao ambiente.

- **Processo:** a atividade não é um evento isolado, mas um processo contínuo que evolui e se adapta. Envolve planejamento, execução e reflexão sobre os resultados.

No contexto da educação, a aplicação do conceito de atividade significa que o ensino deve ser organizado de forma a permitir que os alunos participem ativamente em atividades que sejam relevantes para suas necessidades e objetivos. Isso promove um aprendizado mais engajado e significativo, alinhado com a teoria de Leontiev.

3.4 A Formação de conceitos científicos na escola

A prática pedagógica e a formação de conceitos científicos na escola são inter-relacionadas e fundamentais para o desenvolvimento do conhecimento dos alunos. A prática pedagógica, que abrange métodos e estratégias de ensino, e a formação de conceitos científicos, que envolve a construção e compreensão de conceitos científicos, desempenham papéis cruciais nesse processo.

Existem dois métodos tradicionais no estudo do conceito:

- O método da definição,

- O método da abstração.

A combinação desses métodos pode ajudar a garantir que o ensino seja tanto informativo quanto significativo, conectando definições formais com a compreensão prática e experiencial. No primeiro, usa-se os conceitos já formados na criança a partir dos seus conteúdos verbais. Limita-se em suscitar uma reprodução verbal de definições fornecidas pelo meio externo e não a registrar o pensamento das crianças. Assim, esse método centra-se na palavra, e não consegue entrar em um ritmo com a percepção e a elaboração do material sensorial que originam os conceitos. A criança faz relação de significado das palavras para entendê-las, o que permite-nos compreender as relações existentes no seu cérebro, de acordo com a relação das famílias de palavras previamente formadas.

Já o método de abstração estuda os processos psíquicos que conduzem a formação dos conceitos. O papel desempenhado pelo símbolo (a palavra) é desamparado na gênese do conceito. Assim, ambos os métodos parciais tradicionais separam a palavra do material da percepção. O estudo de um novo método que introduzisse no quadro experimental palavras sem sentido para a criança foi um grande avanço nos estudos que tinham como objetivo interpretar o conceito de uma palavra a partir de subsídios artificiais e pode ocorrer a relação de cada palavra sem sentido com uma combinação de objetos.

A existência de associações entre símbolos verbais e os objetos, por mais numerosas, não são suficientes para a formação dos conceitos. Para a elaboração do conceito, o processo deve ser criativo, e não mecanizado entre a palavra e o objeto. A relação das palavras com o objeto surge mediante um problema e leva à formação de um conceito. Uma criança consegue aprender um problema e visualizar o objetivo de um problema, numa etapa inicial do seu desenvolvimento. Porém, o que diferencia do adulto é justamente a forma de pensar mediante um desafio. Entendemos que é necessário expor a criança perante uma situação problema, para que possamos estudar os processos de formação dos conceitos nas suas distintas etapas. Nos referimos às crianças, mas essa teoria também pode ser aplicada aos adolescentes, aos jovens e aos adultos. Qualquer um desses sujeitos, uma vez observado, é induzido a falar dos objetos utilizando novos termos, e assim pode definir o seu significado.

Assim, sabe-se que é na puberdade que amadurecem os conceitos responsáveis pela base psicológica. Sendo importante que todas as funções intelectuais participem na formação de conceitos, porém é necessário empregar os signos e as palavras como meio pelo qual trilhamos nossas operações mentais para a solução dos problemas.

A formação dos conceitos pode ser classificada em três fases:

- O 1.º estágio é a formação dos conjuntos sincréticos. Nele existe a aproximação sucessiva de tentativas e erros representadas pelo objeto, para o desenvolvimento do pensamento.

- No 2.º estágio a posição espacial dos objetos no campo visual da criança determina a composição do grupo.

- Já no 3.º estágio a criança ao tentar dar significado a um novo nome já consegue seguir uma operação sem uma ordem mais elaborada. Justamente porque nessa fase ocorre a ruptura dos estágios em vários subestágios.

Com o amadurecimento do pensamento pelas crianças, a palavra deixa de ser um nome próprio do objeto e passa a incorporar como nome da família. Vygotsky também estudou o conceito e sua relação com o desenvolvimento dos estudantes. As operações do pensamento, como a abstração, a generalização e a formação de conceitos, devem ser desenvolvidas nos estudantes para um processo de apropriação de conhecimento. Segundo a perspectiva de Vygotsky (1996, p. 81), conceito deve ser explicado como:

> É o reflexo objetivo das coisas em seus aspectos essenciais e diversos; se forma como resultado da elaboração racional das representações, como resultado de ter descoberto os nexos e as relações desse objeto com outros, incluindo em si, portanto, um amplo processo de pensamento e conhecimento que, dir-se-ia, está concentrado nele.

Assim, de modo a possibilitar o desenvolvimento do pensamento teórico, o processo de aprendizagem deve garantir as ações conscientes que desencadeiam a atividade mediada. Essas ações permitem a construção de um modo geral de ação a partir de um motivo de aprendizagem pelo estudante.

Por meio da proposta de Leontiev de entender o processo da atividade como dialético, e correlacioná-la com a prática pedagógica, vamos observar segundo Moura (2010) que é possível proporcionar o desenvolvimento na criança,

> Refletindo sobre a prática pedagógica, são poucos os trabalhos escolares que proporcionam aos estudantes a construção e a assimilação do conhecimento, que questionam, promovem a dúvida, instigam a procura por mais conhecimento, e os motivam no processo de aprendizagem. A função da educação escolar, criada para difundir o conhecimento científico, é a de proporcionar a compreensão do significado dos conceitos. Tal objetivo implica criar condições para que as gerações posteriores compreendam a necessidade humana que gerou a criação do conceito, bem como seu processo de desenvolvimento. Com isso o estudante se apropria dos conceitos e compreende que é herdeiro do conhecimento desenvolvido pelas gerações precedente (Moura, 2010, p. 65-66).

Para Vygotsky, o estudo sobre o conceito por meio do processo de abstração proporcionado pela linguagem (fala) diferencia os seres humanos dos animais. Uma vez que o uso dos instrumentos e dos signos marca o fim do período de desenvolvimento exclusivamente biológico da espécie:

> Exatamente a ausência de sequer os começos da fala, no sentido mais amplo da palavra – a falta de capacidade de produzir um signo, ou introduzir alguns meios psicológicos auxiliares que por toda a parte marcam o comportamento do homem e a cultura do homem - é o que traça o limite entre o macaco e o ser humano mais primitivo (Vygotsky; Luria, 1996, p. 86).

Segundo Vygotsky (1987), "O significado da palavra é uma generalização, ou seja, a palavra não se relaciona com um único objeto, mas com todo um grupo de classe de objetos".

Podemos relacionar um fator importante no desenvolvimento por meio do surgimento e sua diferença entre conceito concreto e abstrato, de acordo com a alteração da linguagem e dos processos de pensamento. O significado da palavra se desenvolve, bem como os processos psicológicos, durante a ontogênese e a sociogênese.

O conhecimento científico possui importante papel como modo de construção do conhecimento. Atrelado principalmente à natureza do conceito e à sua relação com determinada espécie de cognição, inserida em um determinado tipo de cultura. Os conceitos estão organizados em uma rede de significados em que há relações entre os elementos e não são entidades isoladas na mente do sujeito. Devem ser vistos como parte da teoria, que estão inseridos, e não apenas como conjunto de propriedades. Assim, a palavra e o conceito são elementos sempre em mudança dentro da estrutura psicológica do sujeito, e não podem ser consideradas entidades fixa e abstrata.

A palavra funciona como o meio para a formação do conceito. Posteriormente, torna-se seu símbolo. Somente a investigação do uso funcional da palavra e de seu desenvolvimento de um estágio para o seguinte (desenvolvimento esse em que os vários usos da palavra estão geneticamente vinculados entre si) oferece a chave para a formação dos conceitos (Vygotsky, 1987, p. 12).

Segundo Luria,

> Cada palavra evoca todo um complexo sistema de enlaces, transforma-se no centro de toda uma completa rede semântica, atualizando determinados compôs semânticos, os quais caracterizam um aspecto importante da estrutura psíquica da palavra (Luria, 1986, p. 76).

Entender o percurso do desenvolvimento humano ao longo da história cultural pela compreensão das relações entre os processos cognitivos e os instrumentos semióticos criados pelos homens leva frequentemente à tentativa de identificar tipos diferentes de organização conceitual relacionados com a interação das pessoas com artefatos culturais diferentes, mediante a comparação, por exemplo, de pessoas alfabetizadas e analfabetas.

A organização conceitual, muito mais que uma teoria completa e estável, parece ser, portanto, um conjunto flexível de significados, aberto a uma reestruturação constante com base em situações interpessoais que promovem reflexão. As noções de transformação, de densa interação intelectual e de promoção de verdadeira reflexão, tornar-se-iam essenciais para a compreensão do funcionamento cognitivo humano, tornando-o mais próximo do desenvolvimento cognitivo.

CAPÍTULO 4

GALPERIN

Piotr Yakovlevich Galperin (1902-1988) foi um psicólogo e educador russo, conhecido por suas contribuições à psicologia soviética, especialmente no campo da psicologia do desenvolvimento e da educação. Ele foi um dos discípulos de Lev Vygotsky e trabalhou na expansão das ideias da psicologia histórico-cultural, desenvolvendo a Teoria da Atividade Orientada para o Estudo, também conhecida como Teoria do Ensino Formativo. Galperin é um dos principais teóricos da psicologia soviética, oferece uma contribuição significativa para a compreensão dos processos de ensino e aprendizagem, especialmente no que diz respeito à formação de conceitos mentais. Galperin desenvolveu a **Teoria da Atividade Orientada para o Estudo** ou o **Modelo de Ensino Formativo-Conceitual**, que se diferencia dos modelos tradicionais de ensino ao enfatizar o papel ativo do aprendiz na construção do conhecimento. Galperin propôs que a formação de conceitos e habilidades ocorre por meio de várias etapas, que vão da ação externa e material à internalização e à automação dessas ações em nível mental. Essas etapas incluem:

- **Orientação:** em que o estudante recebe instruções detalhadas e planeja a ação.

- **Execução Material ou Materializada:** em que o estudante realiza a ação de forma concreta, manipulando objetos ou utilizando representações materiais.

- **Ação por Imagens:** em que o estudante começa a realizar a ação de forma mais abstrata, utilizando imagens mentais.

- **Ação em Linguagem Exterior:** em que o estudante descreve a ação utilizando a fala.

- **Ação em Linguagem Interior:** em que a ação é internalizada e pode ser realizada mentalmente sem necessidade de suporte externo.

- **Foco na Atividade do Sujeito:** Galperin enfatiza que o conhecimento não é simplesmente transmitido de forma passiva, mas sim construído ativamente pelo sujeito ao longo dessas etapas. O processo de internalização envolve transformação e modificação do conhecimento, o que implica que o aprendiz participa ativamente na construção de sua compreensão.

- **Papel do Conhecimento Operacional:** um dos conceitos centrais na teoria de Galperin é o de "conhecimento operacional". Segundo ele, para que um conceito seja realmente compreendido, o estudante deve ser capaz de aplicá-lo de maneira prática e operacional, não apenas memorizá-lo. O conhecimento deve ser usado na resolução de problemas e na realização de ações concretas, o que facilita a internalização e retenção a longo prazo.

- **Diferenciação entre Ensinar e Aprender:** Galperin destaca a diferença entre os processos de ensino e de aprendizagem. O ensino eficaz deve ser organizado de forma a guiar o aprendiz por meio das etapas necessárias para a formação de conceitos mentais. Isso significa que o professor deve criar condições e sequências de atividades que ajudem o estudante a passar de ações externas a internas.

- **Critério de Avaliação Formativa:** o modelo de Galperin se distancia da avaliação tradicional, que geralmente foca em medir o produto final (resultado). Em vez disso, propõe uma avaliação que acompanha o processo de aprendizagem, observando como o estudante progride pelas diferentes etapas de formação conceitual. Isso permite uma intervenção mais direcionada e ajustada às necessidades do aprendiz.

- **Aplicações no Ensino:** a teoria de Galperin tem aplicações práticas importantes, especialmente em contextos educativos em que se busca desenvolver o pensamento crítico e habilidades de resolução de problemas. Ao utilizar o modelo formativo-conceitual, professores podem desenhar atividades que ajudem os alunos a entenderem e aplicarem conceitos de forma profunda e integrada.

Principais contribuições:

- **Teoria do Ensino Formativo:** Galperin desenvolveu um modelo de ensino que enfatiza a formação gradual e sistemática das ações mentais nos alunos. Ele propôs que a aprendizagem ocorre por meio de um processo sequencial que começa com a orientação externa e vai até a internalização de conceitos, passando por diferentes níveis de ação, desde a manipulação concreta até a abstração mental.

- **Etapas da Formação das Ações Mentais:** sua teoria descreve como as ações mentais se desenvolvem em cinco etapas: orientação, execução material, ação em imagem, ação em fala exterior e, finalmente, ação em fala interior (ou mental). Essas etapas refletem como o conhecimento externo é internalizado e transformado em processos mentais.

- **Conhecimento Operacional:** Galperin destacou a importância do "conhecimento operacional", ou seja, a capacidade de aplicar conceitos em situações práticas. Ele acreditava que o verdadeiro aprendizado ocorre quando o aluno pode utilizar os conceitos aprendidos de maneira funcional, e não apenas memorizá-los.

- **Papel da Mediação na Aprendizagem:** influenciado por Vygotsky, Galperin enfatizou a importância da mediação social e semiótica (uso de signos e símbolos, como a linguagem) no processo de aprendizagem. Ele via o papel do professor como fundamental para guiar o aluno por meio das diferentes etapas de desenvolvimento mental.

Piotr Yakovlevich Galperin é autor de várias obras importantes no campo da psicologia do desenvolvimento e da educação, particularmente dentro da tradição soviética da psicologia histórico-cultural. Embora muitas de suas obras não estejam amplamente disponíveis em traduções para outros idiomas, algumas de suas contribuições mais significativas incluem: principais obras de Galperin: *Stage-by-Stage Formation as a Method of Teaching (Etapnoye formirovaniye umstvennykh deystviy kak metod obucheniya)*: essa obra apresenta a teoria do ensino formativo, discutindo as etapas específicas pelas quais as ações mentais são formadas nos alunos. Ele propõe um modelo de ensino que passa por várias fases, desde a orientação até a internalização, que é central em sua abordagem. *Introduction to Psychology*: embora mais geral, essa obra inclui elementos fundamentais de sua teoria da aprendizagem e do desenvolvimento, em que Galperin expande suas ideias sobre como a formação de conceitos mentais ocorre e como o ensino pode ser estruturado para facilitar esse processo. *Psychology of Thinking and Teaching About It*: nessa obra, Galperin discute o desenvolvimento do pensamento e como ele pode ser ensinado, aprofundando-se em sua teoria sobre as etapas de formação das ações mentais. *Formation of Mental Actions and Concepts*: outra obra fundamental que discute como as ações e conceitos mentais são formados no contexto da aprendizagem. Esse livro é essencial para compreender a aplicação prática de suas teorias no ensino.

4.1 As transformações na organização do processo de ensino

A teoria de Galperin considera o estudo como uma atividade que leva o aluno a novos conhecimentos, atitudes e habilidades. Em seus trabalhos são analisados os processos de evolução por meio da internalização das atividades externas em processos mentais do pensamento. Para compreender esse processo, podemos considerar que o aprendizado de uma criança em sua fase inicial é como uma "caixa branca", que com o tempo vai se formando e preenchendo os espaços. Essa sequência do grau de aprendizado é classificada como condutivismo, que analisa o desenvolvimento, as habilidades, sem desprezar a cultura e o ambiente em que se vive. Nesse contexto, o processo cultural é importante como parte integrante do aprendizado da criança e mediante as suas origens sociais ocorre a transmissão do conhecimento por meio da cultura geral. Devemos estar atentos com a qualidade de informações acumuladas, e com a possibilidade de selecionar os conteúdos gerais e relevantes para que o aluno compreenda e solucione diferentes tarefas.

Entretanto, trazendo esse estudo para o contexto escolar, devemos investigar como o aluno assimila novas ações mentais para aprender a inovar os seus conceitos, os seus conhecimentos e as suas habilidades. Dessa forma, acredita-se que quando o objetivo de estudo para o conhecimento é inovado possivelmente houve mudanças nas ações do aluno. A assimilação desse conhecimento ocorre em momentos distintos da passagem do plano da experiência social para o plano da experiência individual.

Encontrar a forma ideal da ação, e transpor o conhecimento em ação, implica no desenvolvimento das habilidades que serão trabalhadas com os alunos, e que poderão moldar a sua personalidade de acordo com os novos conhecimentos e hábitos adquiridos com a aprendizagem. O desenvolvimento das potencialidades do aluno pode ser criado a partir da socialização com os colegas de classe, com os professores, e por meio das leituras dos livros. Galperin propôs então etapas que pudessem identificar a visão do aluno na assimilação dos conteúdos, entre elas destacamos as seguintes:

- A etapa motivacional,
- A etapa de Base Orientadora de Ação (BOA),
- A etapa de formação de ação no plano material,
- A etapa de formação da ação na linguagem externa, e
- A etapa da ação no plano mental.

Essas fases podem auxiliar na formação do aluno, e como docente devemos nos atentar à Base Orientadora de Ação. Esta deve refletir todas as partes estruturais e funcionais da atividade, como: a orientação, a execução e o controle. Para o processo de orientação devemos partir de uma atividade reprodutiva, passando pela atividade produtiva, até chegar em uma atividade criativa. Assim, o professor deve proporcionar a construção do conhecimento dos alunos por meio das suas ações. Já no plano material o aluno executa a ação e o professor controla as operações. Um exemplo seria a elaboração e o planejamento de uma aula de ciências envolvendo experimentos sob a orientação do professor. Os alunos podem desenvolver não somente as práticas, mas outras questões que devem ser criadas no ambiente escolar, propiciando a linguagem externa e o aprendizado.

No contexto atual, podemos observar que muitas escolas pouco se voltam às reflexões de como fazer, focando a atenção geralmente para a execução da atividade em si. É importante que se trabalhe o ser, o fazer, e sobretudo a qualidade da ação. Atingir o grau de consciência nessa fase de ensino é fundamental para que alunos desenvolvam seu grau de proatividade e sua capacidade de pensar.

Ao estudar sobre os estados de assimilação dos conteúdos, Galperin mostra como o aluno pode chegar no seu objetivo final. O conteúdo administrado necessita de células, que na linguagem do ensino representam a busca pela origem ou assuntos antecedentes ao que queremos ministrar. Após deixar claro e definido o objetivo, a sequência segue em direção ao desenvolvimento, ocorrendo a conexão e posteriormente a interação. Todos esses fatores não acontecem isoladamente, e muito menos em uma sequência linear. Não existe separação desse enfoque de aprendizagem. Portanto, é importante que o aluno passe a ter consciência da lógica e da estrutura da ação.

Galperin também ressalta em seus estudos a importância da tarefa na realização das atividades. E coloca o aluno frente às situações-problema para que ele possa desenvolver e resolvê-las a partir das ações. Outra forma de criar o desenvolvimento do aluno pode ser a partir de dinâmicas em que podemos propor as tarefas para a formação do grau de consciência e do seu controle. Para a formação do grau de consciência apresentam-se tarefas nas quais é exigido do aluno argumentação sobre o processo e respostas, nas formas oral e escrita. Já o controle do grau da consciência serve de indicativo da capacidade dos alunos de argumentar o processo de solução ou não da situação-problema.

Rubem Alves em suas obras retrata o verdadeiro papel do professor no contexto atual. E aponta as várias formas de habilidades que podemos despertar nos alunos, criando um vínculo maior de respeito e atenção. O autor também discute em suas falas a questão do ser, do fazer, e justifica que o papel do educador é contribuir, colaborar, despertar na criança o seu potencial, as suas habilidades, a curiosidade pelo saber, pela alegria de pensar, podendo a criança interagir, perguntar e questionar sobre os fatos e as suas descobertas. O que se aproxima das teorias de Galperin. Assim, podemos dizer sugestivamente que ocorreu o aprendizado. A missão do professor é provocar a inteligência, despertar a curiosidade e principalmente valorizar as habilidades da criança num contexto escolar e sobretudo familiar.

4.2 O processo de formação de conceitos segundo a Teoria de Galperin

A explicação dos processos de internalização da atividade externa em processos mentais do pensamento, segundo Galperin, acontece quando o aluno consegue assimilar novas ações mentais para aprender a inovar seus conceitos, seus conhecimentos e as suas habilidades. A teoria de Galperin vem considerar o estudo como uma atividade que leva o aluno a novos aprendizados. O aluno muda quando o objetivo para o seu conhecimento também é inovado. Porém, a assimilação desse conhecimento ocorre em momentos distintos da passagem do plano da experiência social para o da experiência individual. Encontrar a forma ideal da ação e transpor o conhecimento em ação implica nas habilidades que serão desenvolvidas com os alunos. Assim, os estudantes podem moldar a sua personalidade de acordo com os novos conhecimentos e hábitos adquiridos com a aprendizagem. Os colegas de classe, os professores e os livros podem criar uma relação no âmbito escolar que possibilite o desenvolvimento das potencialidades do aluno. Galperin propôs então etapas para que pudesse identificar a visão do aluno na assimilação de conteúdo. A etapa motivacional, a etapa de base orientadora de ação (BOA), a etapa de formação de ação no plano material, a etapa de formação da ação na linguagem externa e a etapa da ação no plano mental fecham o fluxograma das etapas de assimilação.

Quando preparamos os alunos para assimilar o conteúdo proposto, a nossa tarefa como professor é criar motivações internas nos alunos que irão despertar o interesse pelo aprendizado. Trazer algo inovador para dentro da sala de aula como um experimento em ciências pode ser um exemplo de estímulo de aprendizagem para os alunos.

A BOA deve refletir todas as partes estruturais e funcionais da atividade como: a orientação, a execução e o controle. Essa orientação dever partir de uma atividade reprodutiva passando pela atividade produtiva até chegar em uma atividade criativa, porém o papel do professor é construir no aluno o conhecimento da ação e criar condições para o sucesso. Já no plano material, o aluno executa a ação e o professor controla as operações. Deixar que os alunos realizem um experimento em ciências sob a orientação do professor é uma forma de contribuir para o aprendizado do aluno. Desde que isso faça sentido para o estudante. Também se propiciando da linguagem externa os alunos podem responder oralmente sobre questões que devem ser criadas no ambiente escolar sobre um assunto abordado.

Lembro-me, como exemplo e citado aqui para o caro leitor, de que em uma atividade realizada na Escola Estadual de Ensino

Fundamental e Médio Rafael Leme, no município de Ribeirão Preto (SP), em parceria com a Faculdade de Filosofia, Ciências e Letras de Ribeirão Preto, da Universidade de São Paulo (USP/RP), verificamos que mediante as figuras que sugerem o problema da falta da água e da poluição do sistema aquático os estudantes puderam questionar entre si, verbalmente, posterior a isso escrever suas ideias, expondo oralmente os seus argumentos. Assim os estudantes utilizaram a linguagem para responder oralmente suas atividades. Já na última etapa de assimilação conhecida como etapa mental, o aluno resolveu a atividade de forma independente. O produto foi exposto, e podemos observar que a linguagem interna se transforma em função mental interna, e proporciona ao aluno novos meios para o pensamento.

Reforço a importância de trabalhar o ser, o fazer, e sobretudo a qualidade da ação com os alunos. Atingir o grau de consciência nessa fase de ensino é fundamental para termos alunos pensantes e proativos. Temos que entender também que cada aluno tem o seu grau de desenvolvimento e as suas limitações. Mas que o professor pode trabalhar junto ao aluno no seu desenvolvimento, respeitando o seu ritmo de aprendizagem.

4.3 O Modelo de Ensino Formativo-conceitual

O modelo de ensino formativo-conceitual proposto por Galperin é uma abordagem inovadora que enfatiza a formação gradual de conceitos mentais e habilidades por meio de um processo estruturado. A seguir, descrevo as principais características desse modelo, conforme exposto:

Apresentação e Operacionalização do Conhecimento

- **Descrição:** o conhecimento ou habilidade a ser aprendido é apresentado sob a forma de situações-problema desde o início do processo de ensino. Em vez de ser uma etapa final ou de avaliação, a aplicação prática do conhecimento é integrada desde o início, permitindo que os alunos operem com o que estão aprendendo em um contexto real ou simulado.

- **Significado:** essa abordagem transforma a aprendizagem de um ato passivo em uma atividade ativa e prática, em que os alunos se engajam diretamente com o material e começam a aplicar seus conhecimentos desde o início.

Adequação ao Potencial dos Aprendizes

- **Descrição:** as atividades são selecionadas e organizadas com base no potencial dos aprendizes. O objetivo é garantir que todos os alunos, com um nível básico de conhecimentos e habilidades, possam participar e ter sucesso na resolução dos problemas. O modelo propõe etapas intermediárias que correspondem aos diferentes estágios do desenvolvimento conceitual.

- **Significado:** isso contrasta com o modelo tradicional de ensino, que frequentemente foca apenas no resultado, sem considerar a progressão individual dos alunos. O modelo de Galperin garante que os alunos progridam de forma sistemática e incremental.

Sequência e Mapeamento das Atividades

- **Descrição:** a sequência das atividades deve ser planejada para que os aprendizes possam atingir êxito na solução do problema rapidamente, antes que a aprendizagem dos conceitos se torne excessivamente complexa.

- **Significado:** esse planejamento cuidadoso permite que os alunos construam seus conhecimentos de forma lógica e eficiente, evitando sobrecarga cognitiva e facilitando a compreensão e aplicação dos conceitos.

Vivência das Situações-Problema

- **Descrição:** a atividade não é tratada meramente como um exercício, mas como uma oportunidade para vivenciar e explorar situações-problema. Isso permite que os alunos se envolvam com a lógica operacional dos conceitos dentro de contextos específicos, facilitando a compreensão e aplicação do conhecimento.

- **Significado:** ao conectar o conhecimento a situações práticas e reais, os alunos não apenas exercitam habilidades, mas também compreendem como os conceitos funcionam e se aplicam em diferentes contextos, promovendo uma aprendizagem mais significativa e contextualizada.

Correlação das Situações-Problema

- **Descrição:** as situações-problema são estruturadas para estar diretamente correlacionadas entre si. Isso direciona o aluno para a investigação dos aspectos gerais e comuns a várias situações ou grupos de situações, identificando invariantes da prática, que são princípios ou padrões que orientam as ações.

- **Significado:** essa abordagem permite que os alunos descubram e compreendam princípios gerais que se aplicam a diferentes contextos, ajudando a construir uma base sólida de conhecimento que pode ser transferida e aplicada em novas situações. Além disso, o reconhecimento de invariantes da prática contribui para uma compreensão mais profunda e generalizável dos conceitos.

O modelo de ensino de Galperin se destaca por sua ênfase na formação gradual e ativa dos conceitos mentais, adaptando o ensino às necessidades e às capacidades dos alunos, e integrando a prática no processo de aprendizagem desde o início. Isso representa uma mudança significativa em relação aos métodos tradicionais, proporcionando uma abordagem mais dinâmica e centrada no aluno para o ensino e a aprendizagem.

CAPÍTULO 5

A IMPORTÂNCIA DO ESTÁGIO NA FORMAÇÃO DO LICENCIANDO: *INSIGHTS* PARA A PRÁTICA DOCENTE

O estágio desempenha um papel fundamental na formação do licenciando, oferecendo várias vantagens e oportunidades que são essenciais para o desenvolvimento profissional e pessoal. Essa atividade permite que o estudante aplique a teoria do conhecimento adquirido na faculdade integrando-o com a prática. Isso ajuda a solidificar a compreensão e a fazer as conexões entre teoria e prática. Além disso, promove o desenvolvimento de Habilidades Pedagógicas, em que durante o estágio, os licenciandos têm a oportunidade de planejar, executar e avaliar aulas, o que desenvolve suas habilidades pedagógicas e de gestão de sala de aula.

Também o feedback de mentores e supervisores ajuda a identificar áreas de melhoria e a ajustar práticas pedagógicas para melhor atender às necessidades dos alunos. Um dos desafios dos licenciandos durante a formação é a experiência profissional. O estágio proporciona uma visão real do ambiente escolar, ajudando os licenciandos a entender a dinâmica escolar, os desafios do dia a dia e as exigências da profissão. Eu sempre gosto de informar durante as aulas que a construção de Rede de Contatos durante o período de formação pode ser útil para futuras oportunidades de emprego. O estágio oferece a chance para os licenciandos refletirem sobre suas práticas e estilos de ensino, ajudando a identificar suas forças e áreas de desenvolvimento pessoal.

Além de trabalhar as habilidades como comunicação, organização e resolução de problemas, que são aprimoradas à medida que os licenciandos enfrentam situações reais e desafiadoras no ambiente escolar. Isso não é diferente para os licenciandos estudarem a oportunidade de trabalhar com alunos de diferentes origens, estilos de aprendizagem e necessidades especiais, o que é fundamental para desenvolver práticas pedagógicas inclusivas e diferenciadas. Dessa forma, desenvolver estratégias de ensino usando novas metodologias em um ambiente controlado ajuda a refinar as suas abordagens pedagógicas. O estágio é, portanto, uma etapa fundamental na formação do licenciando, pois proporciona uma experiência prática valiosa que complementa e enriquece a formação teórica, preparando-o para enfrentar os desafios e as demandas da profissão docente com mais confiança e competência. E colocar os estudos de Lev Vygotsky, de Alexei Leontiev e de Piotr Yakovlevich Galperin durante os planejamentos das aulas/atividades desenvolvidas durante o estágio na licenciatura é uma tarefa desafiadora. A seguir eu sugiro alguns importantes *insights* teóricos e práticos que podem ser aplicados durante as aulas de estágio dos cursos de licenciatura. Vamos explorar como as teorias desses dois pensadores podem contribuir para a formação docente:

Ao estudar a Zona de Desenvolvimento Proximal (ZDP), Vygotsky traz o conceito de ZDP sendo a distância entre o que uma criança pode fazer sozinha e o que ela pode fazer com a ajuda de um adulto ou colega mais capaz. Durante o estágio, os licenciandos podem utilizar a ZDP para planejar atividades que desafiem os alunos, mas que ainda estejam ao alcance deles com suporte do professor do componente, e de um preceptor quando se tratar de um curso de licenciatura na modalidade EaD. Isso ajuda a promover o desenvolvimento cognitivo dos alunos.

Além disso, os professores podem usar a ZDP para identificar as áreas em que os alunos precisam de mais apoio e aplicar a andaimagem para fornecer esse suporte de forma eficaz. Além disso, a ênfase na interação social sugere a importância de atividaídes colaborativas e de discussão em sala de aula. Esses conceitos mostram como Vygotsky vê o desenvolvimento cognitivo como um processo dinâmico e social, fortemente influenciado pelas interações com o ambiente e com outras pessoas.

Com relação à Aprendizagem Mediada, Vygotsky enfatiza a sua importância, pois o aprendizado ocorre por meio da interação com outros, como professores e colegas. Trazendo para o campo do estágio, os licenciandos podem focar em criar oportunidades para interações ricas e significativas em sala de aula, usando questionamentos, discussões em grupo e atividades colaborativas para mediar a aprendizagem dos alunos.

Também podemos relatar que de acordo com os estudos de Vygotsky sobre a linguagem, o autor demonstra que ela é uma ferramenta fundamental para o desenvolvimento cognitivo e a internalização do conhecimento. Os estagiários podem usar a linguagem de maneira estratégica para explicar conceitos, dar *feedback* e facilitar as discussões, ajudando os alunos a internalizarem o conhecimento. O termo "andaimagem" foi introduzido por Wood, Bruner e Ross em um estudo de 1976 e refere-se a uma abordagem educativa que oferece suporte temporário e ajustado às necessidades do aprendiz, com o objetivo de ajudá-lo a alcançar um nível de competência maior do que o que ele conseguiria sozinho sendo um suporte estrutural e temporário fornecido ao aprendiz durante o processo de aprendizagem. Esse suporte é oferecido de maneira a ajudar o aluno a realizar tarefas que estão dentro da sua ZDP, ou seja, tarefas que o aluno pode realizar com assistência, mas não ainda de forma independente. E apresenta três características: **suporte temporário:** a andaimagem é projetada para ser removida gradualmente à medida que o aluno se torna mais competente. O objetivo é que o aluno eventualmente consiga realizar a tarefa de forma independente; **ajuste às necessidades:** o suporte é adaptado às necessidades do aluno e é ajustado conforme o progresso dele. Pode incluir instruções, dicas, demonstrações e feedback; e a **promoção da autonomia:** que consiste em promover a autonomia do aluno, ajudando-o a internalizar as habilidades e estratégias necessárias para realizar a tarefa de forma independente.

Podemos citar alguns exemplos de andaimagem:

- **Instruções Verbais:** oferecer orientações passo a passo para resolver um problema.

- **Modelagem:** demonstrar como realizar uma tarefa ou resolver um problema.

- **Feedback:** fornecer correção e encorajamento enquanto o aluno trabalha em uma tarefa.

- **Divisão de Tarefas:** quebrar uma tarefa complexa em partes menores e mais manejáveis.

A importância para a educação passa ao **facilitar o aprendizado:** a andaimagem ajuda a garantir que os alunos possam acessar o conteúdo e as tarefas que estão dentro de sua ZDP, facilitando o aprendizado e promovendo o desenvolvimento cognitivo; e ao **encorajar o desenvolvimento:** oferecendo suporte apropriado, os alunos são encorajados a se esforçar e explorar novas competências, o que promove um desenvolvimento mais eficiente e eficaz. Vygotsky destacou a importância da interação social e do suporte no processo de aprendizagem, e a andaimagem é uma forma prática de aplicar esses princípios. Enquanto a ZDP define o espaço onde o desenvolvimento pode ocorrer com ajuda, a andaimagem descreve o tipo de suporte que pode ser fornecido para que o desenvolvimento aconteça. Ambos os conceitos refletem a crença de Vygotsky de que a aprendizagem é um processo social e interativo, em que a ajuda e o suporte são essenciais para a progressão do desenvolvimento cognitivo.

Ao refletir sobre as obras de Leontiev, ele estudou a Teoria da Atividade, que foi centrada na atividade humana e como se dá o seu desenvolvimento. Sendo que a motivação e os objetivos das atividades influenciam no aprendizado. Aqui os licenciandos podem planejar atividades de ensino que sejam significativas e motivadoras para os alunos, conectando os objetivos de aprendizagem com interesses e fazendo os alunos perceberem quais são as necessidades ao estudar determinado conteúdo.

De acordo com os estudos de Leontiev, ele divide a atividade em três níveis: atividade (motivada por necessidades), ações (guiadas por objetivos) e operações (métodos para atingir os objetivos). Compreender essa estrutura pode ajudar os estagiários a planejarem aulas que considerem não apenas os objetivos educacionais, mas também as operações específicas que os alunos precisam aprender para alcançar esses objetivos. É trazer e mostrar o porquê e a necessidade para tal.

Discutir como os conceitos científicos se desenvolvem por meio da atividade e da interação com o mundo também foi um ponto de estudo de Leontiev. Nele os estagiários podem focar em criar atividades que permitam aos alunos explorarem e descobrirem conceitos científicos por conta própria, facilitando uma compreensão mais profunda e duradoura dos conteúdos trabalhados durante o estágio, e que posteriormente poderá ser aplicado na sala de aula dos cursos da educação básica.

Trazendo as reflexões de acordo com o modelo de ensino formativo-conceitual de Galperin, ele se distingue do modelo tradicional ao enfatizar a compreensão profunda e a internalização funcional dos conceitos. Venho detalhar como essa abordagem pode ser aplicada na prática:

Compreensão e Aplicação Funcional dos Conceitos

- **Experimentação Prática:** em vez de simplesmente memorizar fórmulas ou conceitos, o aluno é incentivado a entender a lógica por trás deles, aplicando-os em situações práticas. Por exemplo, em uma aula de matemática, em vez de apenas decorar a fórmula da área de um triângulo, os alunos resolveriam problemas reais que exigem o uso dessa fórmula, permitindo-lhes compreender sua utilidade e aplicação.

Internalização Progressiva

- **Aprendizagem Significativa:** a internalização dos conceitos não é apenas informativa, mas funcional. Isso significa que o aluno não apenas retém a informação, mas também compreende como aplicá-la em diferentes contextos. Em uma aula de ciências, ao estudar o conceito de fotossíntese, os alunos poderiam realizar experimentos práticos que demonstram o processo, reforçando sua compreensão e capacidade de aplicação.

Desenvolvimento de um Método de Estudo

- **Autonomia na Aprendizagem:** ao invés de simplesmente repetir informações, os alunos desenvolvem habilidades analíticas que lhes permitem deduzir e redescobrir conceitos sempre que necessário. Isso implica em promover atividades que envolvam investigação, pesquisa e resolução de problemas, incentivando os alunos a explorarem e descobrirem por si mesmos.

Capacidade de Autoavaliação e Avaliação de Pares

- **Aprendiz Como Agente Ativo:** o modelo formativo-conceitual sugere que o aluno não apenas aprende a realizar uma tarefa, mas também a entender e explicar o processo por trás dela. Isso pode ser promovido por meio de discussões em grupo, em que os alunos revisam e corrigem o trabalho uns dos outros, e pela autoavaliação, em que eles refletem sobre suas próprias ações e aprendizados.

Redução da Dependência de Memorização

- **Aprendizagem Duradoura:** ao focar na lógica e no raciocínio por trás dos conceitos, o modelo evita a necessidade de memorização pura e simples, que muitas vezes leva ao esquecimento rápido. Para assegurar essa fixação, o professor pode criar tarefas que exijam a aplicação dos conceitos em novos contextos, reforçando a aprendizagem.

Implicações para a Prática Docente

- **Papel do Professor:** nesse modelo, o professor assume um papel de facilitador, criando um ambiente em que o aluno possa experimentar, errar, corrigir e, eventualmente, ensinar. Em vez de ser a principal fonte de conhecimento, o professor guia os alunos em sua jornada de descoberta e compreensão, assegurando que eles tenham as ferramentas e o suporte necessários para aprender de forma autônoma e significativa.

Figura 2 – Alunos em atividade com o professor

Fonte: elaborado pelo autor com o auxílio de IA pelo site pixlr.com.

Esse modelo de ensino valoriza o desenvolvimento de competências críticas, a autonomia do aluno e a compreensão profunda dos conceitos, preparando-os não apenas para repetir informações, mas para aplicá-las de maneira eficaz e inovadora em diferentes situações. Aplicar o modelo de ensino formativo-conceitual de Galperin durante a formação de licenciandos em seus estágios pode enriquecer significativamente a experiência de aprendizagem tanto para os futuros professores quanto para os alunos que estão sob sua orientação. A seguir, apresento exemplos práticos de como implementar esse modelo em diferentes contextos de estágio:

Em Ciências Naturais – Conceito de Fotossíntese:

- **Situação-Problema:** em vez de simplesmente apresentar o processo de fotossíntese, proponha aos alunos uma questão prática: "Por que uma planta colocada em um ambiente sem luz começa a murchar?".

- **Atividade Prática:** os alunos devem realizar um experimento em que plantas sejam colocadas em ambientes com e sem luz, observando as diferenças. Eles irão discutir e analisar como a luz é essencial para a fotossíntese e quais são os efeitos da falta dela.

- **Reflexão:** após a atividade, oriente os alunos a explicarem o processo de fotossíntese com base no que observaram, sem recorrer a memorizações. Incentive-os a pensar sobre a aplicação prática do conceito.

Em Ciências: Experimentos de Laboratório:

Atividade: Investigação da Fotossíntese

- **Descrição:** desenvolva uma série de experimentos que permitam aos alunos explorarem o processo da fotossíntese de maneira prática e interativa.

- **Etapas:**

a. **Situação-Problema:** como as plantas produzem seu próprio alimento? Quais são as condições necessárias para a fotossíntese?

b. **Exploração Inicial:** os alunos realizam experimentos simples, como observar a liberação de oxigênio em algas aquáticas sob diferentes condições de luz.

c. **Coleta de Dados:** os alunos coletam e analisam dados dos experimentos, identificando padrões e relacionando-os aos conceitos teóricos.

d. **Construção de Conceitos:** com a mediação do licenciando, os alunos discutem como os resultados experimentais confirmam ou refutam as teorias sobre a fotossíntese.

e. **Aplicação e Reflexão:** os alunos aplicam os conceitos aprendidos para resolver novos problemas, como otimizar as condições de crescimento das plantas em um ambiente controlado.

- **Objetivo:** facilitar a internalização funcional do processo de fotossíntese, promovendo a compreensão por meio da experimentação e aplicação prática.

Outro exemplo em ciências da natureza:

- **Atividade:** durante uma aula sobre ecossistemas, os licenciandos introduzem o conceito de cadeias alimentares. Primeiramente, eles explicam o conceito com exemplos simples (que estão dentro da ZDP dos alunos). Em seguida, os alunos, com o suporte do professor, elaboram cadeias alimentares complexas, incluindo múltiplos níveis tróficos e relacionamentos ecológicos (andaimagem). Eventualmente, os alunos devem ser capazes de criar e analisar essas cadeias de forma independente.

- **Reflexão:** os licenciandos podem refletir sobre como o apoio inicial (andaimagem) permite que os alunos alcancem um nível mais profundo de entendimento, e como isso pode ser gradualmente retirado à medida que os alunos se tornam mais competentes.

Na Química utilizando o conceito de Zona de Desenvolvimento Proximal (ZDP) e Andaimagem:

- **Atividade:** durante uma aula prática de laboratório, os licenciandos são convidados a realizar uma titulação ácido-base. O professor primeiro demonstra o procedimento, explicando cada etapa (o que está na ZDP dos alunos). Em seguida, os alunos realizam a titulação com suporte do professor (andaimagem) e, eventualmente, fazem o processo de forma independente.

- **Reflexão:** discuta com os licenciandos como o apoio inicial ajuda os estudantes a alcançarem um nível de autonomia. Incentive-os a pensar em como podem aplicar essa abordagem em suas futuras aulas, ajustando o suporte conforme a necessidade dos alunos.

Ainda na Química e utilizando o Modelo de Ensino Formativo-Conceitual de Galperin:

- **Atividade:** em vez de ensinar diretamente as fórmulas de estequiometria, apresente problemas práticos (situações-problema) que exigem a aplicação do conceito. Por exemplo, peça aos alunos que calculem a quantidade de reagente necessária para uma reação específica, fornecendo dados incompletos para que eles investiguem o que falta.

- **Reflexão:** após resolverem os problemas, peça que os licenciandos reflitam sobre o processo que os alunos utilizaram para chegar à solução, destacando como o entendimento profundo do conceito facilita a aplicação prática em novas situações.

Utilizando a Teoria da Atividade de Leontiev na Química:

- **Atividade:** organize uma atividade experimental em que os licenciandos planejem uma aula prática com base na síntese de polímeros. Eles devem definir os objetivos (o que os alunos devem aprender), as ações necessárias (experimentos, discussões) e as operações específicas (medir, misturar, aquecer).

- **Reflexão:** incentive os licenciandos a analisar como a estrutura da atividade (objetivo, ação, operação) ajuda a orientar o processo de aprendizagem dos estudantes, e como podem utilizar essa abordagem para planejar aulas eficazes.

Usando a Mediação Semiótica e Experimentos em Química:

- **Atividade:** ao trabalhar com conceitos como equilíbrio químico, use simuladores digitais que permitam aos alunos manipularem variáveis (como concentração e temperatura) para observar mudanças no sistema. Isso atua como uma ferramenta de mediação semiótica, ajudando a concretizar conceitos abstratos.

- **Reflexão:** discuta com os licenciandos a importância de escolher ferramentas que auxiliem na construção do conhecimento dos alunos, enfatizando como a mediação (digital ou material) facilita a compreensão de conceitos complexos.

Esses exemplos permitem que os licenciandos integrem teoria e prática, desenvolvendo habilidades pedagógicas que enfatizam a compreensão profunda e a aplicação do conhecimento químico.

No Ensino Interdisciplinar: Projeto Integrado/ Atividade: Projeto Sustentabilidade na Escola:

- **Descrição:** desenvolva um projeto interdisciplinar que envolva diferentes disciplinas (ciências, matemática, língua portuguesa etc.) com o tema da sustentabilidade.
- **Etapas:**

a. **Situação-Problema:** como podemos tornar nossa escola mais sustentável e consciente ambientalmente?

b. **Planejamento:** os alunos, sob a orientação do licenciando, planejam ações que envolvem diferentes disciplinas, como calcular a redução de resíduos (matemática), criar campanhas de conscientização (língua portuguesa) e implementar práticas sustentáveis (ciências).

c. **Execução:** os alunos executam as ações planejadas, aplicando os conceitos aprendidos em cada disciplina de forma integrada.

d. **Avaliação e Ajustes:** avaliam os resultados das ações, identificando sucessos e áreas de melhoria.

e. **Reflexão e Documentação:** os alunos documentam o processo e refletem sobre como as diferentes disciplinas contribuíram para a solução do problema, consolidando a compreensão interdisciplinar.

- **Objetivo:** promover a internalização dos conceitos de sustentabilidade por meio da aplicação interdisciplinar, incentivando a colaboração e a compreensão holística dos temas estudados.

A integração interdisciplinar entre Química, Biologia e Física pode ser extremamente enriquecedora na formação de licenciandos em Ciências da Natureza, especialmente durante o estágio. A seguir, apresento algumas atividades que utilizam essas disciplinas de forma integrada:

Tema: Ciclos Biogeoquímicos e Termodinâmica

- **Atividade:** explore o ciclo do carbono e sua relação com o efeito estufa. Os licenciandos podem iniciar com a explicação do ciclo do carbono na natureza (Biologia), destacando processos como fotossíntese, respiração e decomposição. Em seguida, introduzem as reações químicas que envolvem o carbono, como a combustão e a acidificação dos oceanos (Química). Por fim, aplicam as leis da termodinâmica para explicar o efeito estufa e o equilíbrio energético na Terra (Física).

- **Reflexão Interdisciplinar:** os licenciandos podem refletir sobre como essas diferentes perspectivas ajudam a construir uma visão integrada dos problemas ambientais globais, como o aquecimento global. Eles podem desenvolver atividades em que os alunos calculam a quantidade de energia retida na atmosfera devido ao aumento dos gases do efeito estufa, conectando conceitos de química e física ao estudo da biologia.

Tema: Propriedades da Água

- **Atividade:** os licenciandos podem conduzir uma série de experimentos para explorar as propriedades da água. Começam discutindo a estrutura molecular da água e suas ligações de hidrogênio (Química), em seguida exploram como essas propriedades influenciam processos biológicos como a regulação térmica nos seres vivos (Biologia). Finalmente, explicam a física por trás da tensão superficial, capilaridade e ponto de ebulição da água (Física).

- **Reflexão Interdisciplinar:** essa atividade permite aos licenciandos refletir sobre a importância de compreender as propriedades da água de uma perspectiva interdisciplinar, considerando como fenômenos físicos e químicos impactam processos biológicos. Eles podem desenvolver atividades em que os alunos investigam a importância da tensão superficial para organismos aquáticos, combinando a análise química, biológica e física.

Tema: Radiação e Saúde

- **Atividade:** discuta os efeitos da radiação sobre a matéria viva. Os licenciandos podem começar com uma introdução aos tipos de radiação e suas fontes (Física), seguida por uma análise das reações químicas induzidas pela radiação em tecidos biológicos, como a formação de radicais livres (Química). Concluem com uma discussão sobre os efeitos biológicos dessas reações, como mutações e câncer (Biologia).

- **Reflexão Interdisciplinar:** os licenciandos podem refletir sobre a necessidade de uma abordagem interdisciplinar para entender os riscos e benefícios da radiação, considerando a física das ondas, a química das reações induzidas e os impactos biológicos. Eles podem propor atividades em que os alunos simulam o efeito da radiação em diferentes materiais e discutem as implicações para a saúde humana.

Tema: Energia e Metabolismo

- **Atividade:** explore como os organismos vivos obtêm, transformam e utilizam energia. Comece discutindo o metabolismo celular e a produção de ATP (Biologia), depois investigue as reações químicas envolvidas na quebra da glicose durante a respiração celular (Química), e finalmente aplique os conceitos de energia cinética e potencial, e conservação de energia para explicar como a energia química dos alimentos é convertida em trabalho (Física).

- **Reflexão Interdisciplinar:** os licenciandos podem discutir como a compreensão do metabolismo energético requer uma combinação de conhecimentos das três disciplinas, e como isso pode ser explorado para ensinar conceitos como eficiência energética e conservação de energia. Eles podem organizar experimentos em que os alunos medem a produção de CO_2 durante a respiração celular e conectam isso ao consumo de energia e trabalho realizado.

Esses exemplos podem colaborar com os licenciandos a entenderem como os conceitos de Química, Biologia e Física estão interligados e a aplicarem esse entendimento de forma integrada em sala de aula, proporcionando aos alunos uma visão mais abrangente e conectada das Ciências da Natureza.

Estratégias para o Professor no Estágio:

- **Mediar o Processo de Aprendizagem:** no estágio, os licenciandos devem ser orientados a promover atividades que incentivem a autonomia dos alunos, oferecendo desafios adequados ao nível de compreensão de cada estudante e intervindo para facilitar o progresso.

- **Reflexão e Feedback:** após cada atividade, é importante que os futuros professores promovam momentos de reflexão com seus alunos, incentivando-os a verbalizar o que aprenderam e a identificar como chegaram às soluções.

- **Uso de Situações Reais:** conectar a teoria à prática por meio de situações-problema reais torna a aprendizagem mais significativa. Isso ajuda os licenciandos a perceberem que a aprendizagem é dinâmica e contextualizada.

Esses exemplos demonstram como os conceitos de mediação, internalização e construção de conhecimento de Vygotsky, Galperin e Leontiev podem ser utilizados para fomentar uma aprendizagem mais ativa, significativa e autônoma no processo formativo dos licenciandos.

CAPÍTULO 6

CONSIDERAÇÕES

Assim, podemos refletir que o planejamento de aulas com base na ZDP e na Teoria da Atividade é no mínimo desafiador para os licenciandos ao elaborar uma aula, com os conteúdos a serem aplicados para os alunos do ensino médio. Para os desafios apropriados deve-se planejar atividades que estejam dentro da ZDP dos alunos, proporcionando desafios que exigem mediação e colaboração. Entretanto, para trabalhar a motivação dos alunos, os licenciandos podem desenvolver atividades motivadoras que conectem os objetivos de aprendizagem com interesses reais dos alunos. Criar oportunidades para interações significativas entre alunos e entre alunos e professores, utilizando a linguagem como uma ferramenta central para o desenvolvimento cognitivo, é possibilitar que o pensamento produzido durante os planejamentos das aulas possa tomar forma e sentido.

Os licenciandos durante o estágio também devem trabalhar um ambiente de aprendizado colaborativo em que os alunos possam trabalhar juntos para resolver problemas e construir o conhecimento. É importante incentivar os estagiários a refletirem sobre suas práticas de ensino e a usarem o *feedback* recebido dos alunos durante a sua formação, para melhorar a sua conduta como futuros professores em sala de aula. Dar *feedback* estruturado que ajude os estagiários a entenderem como suas atividades de ensino estão impactando o aprendizado dos alunos e em que podem fazer ajustes.

Também podemos trazer nesse bate papo sobre a formação docente durante as aulas de estágio duas estratégias: a primeira é o desenvolvimento de recursos didáticos na elaboração de materiais adaptados, e a segunda, não menos importante, é o uso de tecnologias educacionais. Respectivamente, as estratégias podem simplificar conceitos complexos, utilizando exemplos práticos e analogias bem aplicadas que facilitem a compreensão, e o uso de tecnologia na educação torna o ensino mais interativo e acessível.

Ao aplicar as teorias de Vygotsky e Leontiev, os licenciandos podem desenvolver uma abordagem de ensino mais reflexiva, colaborativa e centrada no aluno, o que não só melhora a qualidade do ensino durante o estágio, mas também prepara os futuros professores para criar ambientes de aprendizagem mais eficazes e significativos. Para a aplicação dos estudos de Galperin oferecem uma perspectiva que valoriza a construção ativa do conhecimento pelo aprendiz, ao invés de um simples processo de transmissão de informação. Isso é particularmente relevante no contexto da educação contemporânea, em que a ênfase está cada vez mais na formação de competências e habilidades que vão além da mera memorização de conteúdo. Sua abordagem sugere que, para que o ensino seja efetivo, deve haver um foco maior na organização das atividades de aprendizagem, permitindo que os estudantes avancem gradualmente em direção a uma compreensão mais profunda e operacional dos conceitos. Essas ideias são valiosas tanto para o desenvolvimento de estratégias pedagógicas quanto para a reflexão sobre as práticas de ensino, especialmente na formação de futuros professores.

REFERÊNCIAS

ABREU, D. G. A.; ANDRADE, J. J.; FIGUEIREDO, B. I.; GARCIA, J. S. Reflexões coletivas sobre a prática docente: formação de professores em contextos colaborativos. *In:* ENCONTRO NACIONAL DE PESQUISA EM EDUCAÇÃO EM CIÊNCIAS, 7., 2011. **Anais** [...]. Campinas, dez. 2011.

BECKER, F. **A epistemologia do professor:** o cotidiano da escola. Petrópolis: Vozes, 1997.

CARVALHO, A. M. P.; GIL-PÉRES, D. **Formação de professores de ciência.** São Paulo: Cortez, 1993. v. 26.

CHASSOT, A. **Catalisando transformações na educação.** Ijuí: Editora Unijuí, 1993.

CHASSOT, A. I. **Para que (m) é útil o ensino?** Canoas: Ed. da ULBRA, 1995.

CHASSOT, A. **Alfabetização científica:** questões e desafios para a educação. Ijuí: Unijuí, 2006.

DAVIDOV, V. **La ensenãnza escolar y el desarrollo psiquico:** investigación teórica y experimental. Moscu: Editorial Progresso, 1988.

DUARTE, N. Formação do indivíduo, consciência e alienação: o ser humano na psicologia de A. N. Leontiev. **Cadernos Cedes,** [*s. l.*], v. 24, n. 62, 2004, p. 44-63.

GÓES, M. C. R. As relações intersubjetivas na construção de conhecimentos. *In:* GÓES, M. C. R e SMOLKA, A. L. B. (org.). **A significação nos espaços educacionais:** interação social e subjetivação. Campinas: Papirus, 1997. p. 11-28.

GOLDER, M. **Leontiev e a psicologia histórico-cultural**: um homem em seu tempo. Xamã: São Paulo, 2004.

GRANGER, G.-G. **A ciência e as ciências**. São Paulo: Ed. Unesp, 1994.

KOSIK, K. **Dialética do concreto**. Rio de Janeiro: Paz e Terra, 1976.

LEONTIEV, A. **O desenvolvimento do psiquismo**. Lisboa: Horizonte, 1978. p. 261-284.

LEONTIEV, A. **Actividad, conciencia e personalidad**. Havana: Editorial Pueblo y Educación, 1983.

LEONTIEV, A. N. Os princípios psicológicos da brincadeira pré-escolar. *In:* VYGOTSKY, L. S.; LURIA, A. R.; LEONTIEV, A. N. **Linguagem, desenvolvimento e aprendizagem**. São Paulo: Ícone, 1988. p. 119-142

LEONTIEV, A. N. Uma contribuição à teoria do desenvolvimento da psique infantil. *In:* VIGOTISKI, L. S.; LURIA, A. R.; LEONTIEV, A. N. **Linguagem, desenvolvimento e aprendizagem**. 5. ed. São Paulo: Ícone, 2001.

LOPES, A. R. C. **Conhecimento escolar**: ciência e cotidiano. Rio de Janeiro: Ed UERJ, 1999.

LOPES, A. R. C. **Bachelard**: currículo e epistemologia. Ijuí: Unijuí, 2007.

LUKÁCS, G. **História e Consciência de Classe**. São Paulo: Martins Fontes, 2003.

LURIA, A. R.. **Pensamento e linguagem**: as últimas conferências de Lúria. Porto Alegre: Artes Médicas, 1986.

MALDANER, O. A. A pesquisa como perspectiva de formação continuada do professor de química. **Química Nova**, [*s. l.*], v. 22, n. 2, 1999, p. 289-292.

MALDANER, O. A. **A formação inicial e continuada de professores de química**: professores pesquisadores. Ijuí: Ed. Unijuí, 2000.

MINAYO, M. C. S. **O desafio do conhecimento**. 12. ed. São Paulo: Hucitec, 2010.

MORETTI, V. D. **Professores de matemática em atividade de ensino:** uma perspectiva histórico-cultural para a formação docente. Tese (Doutorado em Educação) – Faculdade de Educação, Universidade de São Paulo, São Paulo, 2007.

MOURA, M. O. de. **A construção do signo numérico em situação de ensino.** Tese (Doutorado em Educação) – Faculdade de Educação, Universidade de São Paulo, São Paulo, 1992.

MOURA, M. O. de. (coord.). **Controle da variação de quantidades:** atividades de ensino. **São Paulo:** Universidade de São Paulo, 1996.

MOURA, M. O. de; LANNER DE MOURA, A. R. **Escola:** um espaço cultural. Matemática na educação infantil: conhecer, (re)criar: um modo de lidar com as dimensões do mundo. São Paulo: Diadema/SECEL, 1998.

MOURA, M. O. **O educador matemático na coletividade de formação:** uma experiência com a escola pública. Tese (Livre docência) – Faculdade de Educação da Universidade de São Paulo, 2000.

MOURA, M. O. Pesquisa colaborativa: um foco na ação formadora. *In:* BABOSA, Raquel L. Leite (org.). **Trajetórias e perspectivas da formação de educadores.** São Paulo: Unesp, 2004. p. 257-284.

MOURA, M. O. A atividade orientadora de ensino como unidade entre ensino e aprendizagem. *In:* MOURA, Manoel Oriosvaldo (org.). **A atividade pedagógica na teoria histórico-cultural.** Brasília: Liber Livros, 2010. p. 81-110.

PACHECO, J. A. **O pensamento e a ação do professor.** Porto: Editora Porto, 1995.

PÉREZ, GÓMES, A. O pensamento prático do professor: a formação do professor como profissional reflexivo. *In:* NÓVOA, A. **Os formadores e a sua formação.** Lisboa: Dom Quixote, 1992. p. 93-114.

PINO, A. S. O social e o cultural na obra de Vygotsky. **Educação & Sociedade.** Disponível em: http://www.scielo.br/pdf/es/v21n71/a03v2171.pdf. Acesso em: 5 jul. 2024.

ROLDÃO, M. do Céu. Função docente: natureza e construção do conhecimento profissional. Portugal. **Revista Brasileira de Educação**, v. 12, n. 34, jan./abr. 2007.

RUDIO, F. V. **Introdução ao projeto de pesquisa científica**. Petrópolis: Vozes, 1986.

SACRISTÁN, J. G. **A educação que ainda é possível**: ensaios sobre uma cultura para a educação. Porto Alegre: Artmed, 2007.

SALGADO, S. **Bosquímanos do Deserto do Kalahari, Botswana, 2008**. Fotografia em prata e gelatina, 20" × 24". 2008.

SANTOS, S. R. Métodos qualitativos e quantitativos na pesquisa biomédica. **Jornal de Pedagogia**, v. 75, n. 6, p. 401-416, 1999.

SANTOS, J. N. **Ensinar ciências**: reflexões sobre a prática pedagógica no contexto educacional. Blumenau: Nova Letra, 2011.

SCHÖN, D. **The reflective practitioner**: how professionals think in accion. New York: Basic Books, 1983.

SCHNETZLER, R. P. O professor de ciências: problemas e tendências de sua formação. *In:* SCHNETZLER, R. P.; ARAGÃO, R. M. R. de (org.). **O ensino de ciências**: fundamentos e abordagens. Piracicaba: UNIMEP/ CAPES, 2000.

SCHNETZLER, R.P. Pesquisa em ensino de química no Brasil: conquistas e perspectivas. **Química Nova**, v. 25, n. 1, p. 14-24, 2002.

SFORNI, M. S. de F. **Aprendizagem conceitual e organização do ensino**: contribuições da teoria da atividade. Araraquara: JM, 2004.

TARDIF, M. Os professores enquanto sujeitos do conhecimento: subjetividade, prática e saberes no magistério. *In:* SILVA, A. M. M. **Didática, currículo e saberes escolares**. Rio de Janeiro: DP& A, 2000. p. 112-128.

VYGOTSKY, L. S. **A formação social da mente**. São Paulo: Martins Fontes, 1984.

VYGOTSKY, L. S. **Pensamento e Linguagem**. Tradução de Jeferson Luiz Camargo. São Paulo: Martins Fontes, 1987.

VYGOTSKY, L. S. **Pensamento e linguagem**. São Paulo: Martins Fontes, 1989.

VYGOTSKY, L. S. **Obras escogidas IV**. Madrid: Visor, 1996.

VYGOTSKY, L. S. **A formação da mente**: o desenvolvimento dos processos psicológicos superiores. São Paulo: Martins Fontes, 1998.

VYGOTSKY, L. S. Manuscrito de 1929. **Educação & Sociedade**, São Paulo, n. 71, p. 21-44, 2000.

VYGOTSKY, L. **A construção do pensamento e da linguagem**. Tradução de Paulo Bezerra. São Paulo: Martins Fontes, 2001.

VYGOTSKY, L. **A formação social da mente**. 6. ed. São Paulo: Martins Fontes, 2002.

VYGOTSKY, L. **A formação social da mente**: o desenvolvimento dos processos psicológicos superiores. 7. ed. São Paulo: Martins Fontes, 2007.

VYGOTSKY, L. **Imaginação e criação na infância**: ensaio psicológico: livro para professores. Tradução Zoia Prestes. São Paulo: Ática, 2009.